Stories from a Dark & Evil World

Cuentos del mundo malevolo

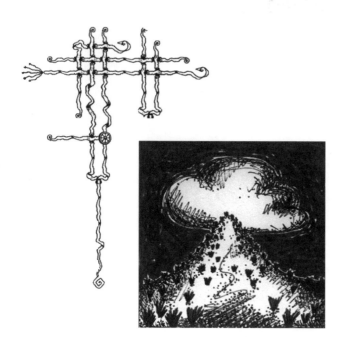

Stories from a Dark & Evil World

Cuentos del Mundo Malevolo

BILINGUAL TALES BY
Teresa Pijoan

TRANSLATED INTO SPANISH BY
Sharon Franco

R·E·D
CRANE
BOOKS

SANTA FE

FIRST EDITION

Printed in the United States of America
Book design by Beverly Miller Atwater & Jos. Trautwein
Cover design by Beverly Miller Atwater
Cover painting and interior drawings by Daniel Kosharek

LIBRARY OF CONGRESS CATALOGING-IN-PUBLICATION DATA
Pijoan, Teresa, 1951-
    Stories from a dark and evil world = Cuentos del mundo malevolo: bilingual tales / by Teresa Pijoan ; translated into Spanish by Sharon Franco. -- 1st ed.
    p. cm.
    English and Spanish on facing pages.
    ISBN 1-878610-71-6
    1. Hispanic Americans--New Mexico--Fiction. 2. Horror tales, American--Translations into Spanish. I. Franco, Sharon, 1946-
II. Title. III. Title: Cuentos del mundo malevolo
    PS3566.A438 S76 1999
    813'.54--dc21
                                    99-23217
                                    CIP

RED CRANE BOOKS
2008-B Rosina St.
Santa Fe, New Mexico 87505
www.redcrane.com
email: publish@redcrane.com

Contents

Tabla de materias

DEDICATION

This book is dedicated to those who have shared their stories and have allowed them to be published within this book. Special thanks to: James Stokes, Joseph Frazee, Teri Morrow, Barbara Pijoan, Nicole Pijoan, Claire Van Etten, Tom Van Etten, Katherine Faith Hope, Maria Flores de Miranda, Millie DeFabio, Art Cordova, and Jorge Enrique Serrano. Aunt Mary Huntley, also, helped to inspire this writing with her warm love and wisdom.

Thanks to Marianne and Michael O'Shaughnessy of Red Crane Books for publishing this book and to Sharon Franco whose translation gives life to the stories in Spanish.

I am grateful to David Coe, Ph.D., for his assistance, and Wilfrid Koponen, Ph.D., for their faith in my work and for help with the manuscript.

Last but not least I am grateful to: Dr. Michael Montoya, Dr. Tony Chan, Dr. Edward Atler, Dr. Olivairo Pijoan, and Dr. Renny Levy. They tell great stories and heal the sick!

To the reader, please know your stories are important. Important enough to share. Please share your stories with those you love. They are the best gift you can give.

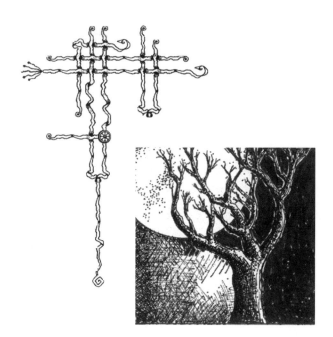

Boston Public Library

Customer ID: ************8447

Title: Stories from a dark and evil world =
ID: 39999040863332
Due: 03/24/11

Total items: 1
3/3/2011 6:21 PM

Thank you for using the
3M SelfCheck™ System.

İNTRODUCTİON

Tales open the door to the unknown. Anything is possible. William Blake wrote, "If the doors of perception were cleansed, every thing would appear to man as it is, infinite." Stories are eternal and hold a special place in history.

Those who doubt the truth of these stories may want to remember what Heinrich Zimmer stated, "The best things can't be told, the second best are misunderstood." Tangible facts and scientific proof will not work here, the power is in the believing.

The ancient Upanishad writers wrote, "If known here, then there is truth; if not known, there is great destruction."

Spanish American stories and myths reinforced the belief systems by which people lived. Freud wrote, "Myths are public dreams and dreams are private myths." The power of the myth is in all of us.

In the beginning, Spaniards had difficulty in the Americas. As transplants they had come here to survive. The life they had left behind was cold, cruel, poverty ridden, and promised an early death. They arrived on these shores full of hope and dread.

Saint Thomas Aquinas wrote of the new world's mystery two centuries before Columbus sailed, "The situation of Paradise is shut off from the habitable world by mountains or seas, or by some torrid region, which cannot be crossed; and so people who have written about topography make no mention of it."

When Cortes and his religious conquistadors met with the Aztecs in Mexico, they encountered a powerful spirit world which was

9

unknown to them. Some of the concepts of religion were parallel to their own, but the new spirits which prevailed were difficult to understand. The Spanish priests used two answers to explain this strangeness. The first explanation was that Saint Thomas Aquinas had entered the country and preached the gospel, but the doctrine had become bastardized over time. The second idea was that the devil lived among the Aztecs and was testing each Spaniard's faith in God.

The Aztecs believed there was a high mountain with a paradise at the top and a hell at the base. The Spaniard, in an uncertain place and holding on to Old World consciousness, lost balance. Confronting a new sacred belief caused a fragmentation of the faith carried over the waters.

For the Aztecs, renewal came at the cost of the lives of sacrificial victims. The Spanish transplants saw heroes being immolated on sacred altars to bring up the sun, to stop time, and to keep the earth whole. Aztec warriors were honored as priests for they had been in war, ready to sacrifice themselves for their people's belief. As priests they battled nature for, "The waters will swallow up the people, the air destroys all with wind, earthquakes shall eat life, and the present shall be destroyed by flame."

The Spanish American world was full of threats and oppression. Horrendous bloody wars, flying gods with eagle bodies and snake heads, jungles and foods filled with the unknown, rites of terrible sacrifice, sexual orgies, judgement scenes, and evil worlds waited to swallow them alive.

Carl G. Jung wrote, "Myths are the means to bring us back in touch. Through our dreams and the study of myths, we can learn to know and come to terms with the greater horizon of our own deeper and wiser, inward self."

Religion was the basis for the Spanish way of life. Many who came to the New World were Catholic or Hebrew or Muslim. Truth, morals, laws, and beliefs were as serious to them as the blood which flowed through their veins. God and the Devil were real.

Passions of love, hate, and betrayal ran rampant because of the destruction of life from diseases, natural poisons, wars, and the betrayal of native allies. Such devastation had to come from something. Evil spirits were thought to fly everywhere as soon as the sun went down. Evil passions of greed and desire crept into their souls turning them into victims of their own desires. The lessons learned were passed on to others—as a warning.

Each adventure within this book is a test, a test of whether to believe in the supernatural or to reject it.

The Roman, Lucius Annaeus Seneca stated, Ducunt volentem fata, nolentem trahunt, "The Fates lead him who will let them; those who won't, they drag."

These are the stories of people who remember. Are these stories real? Yes, these are real stories just for you.

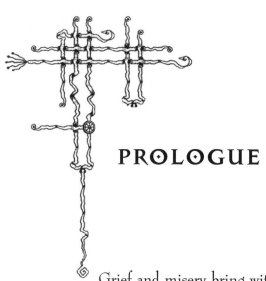

PROLOGUE

Grief and misery bring with them the call to those who dwell on the other side. Without being limited to a particular religion, culture, language, or class, the spirits of the dark side exist as freely as those of us who believe in good and kindness. A simple call to a dead loved one, an ugly thought which may flash by in a blink of an eye, a burst of anger, the lure of the drink—all these and more can bring the dark looming evil into our lives without thinking.

These are stories of the dark presences which are always there, right there waiting for a beckoning call, a sigh of sadness, a longing for something other than what is known—they are waiting, watching. Be careful, be wary, or they may come to you.

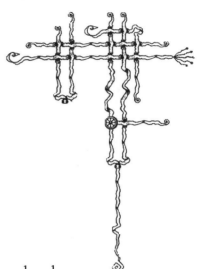

PROLOGO

    El dolor y la desgracia traen consigo la llamada a los que habitan en el otro lado. Sin limitarse a una religión en particular, a una sola cultura, lengua o clase, los espíritus del lado oscuro existen tan libremente como los que creemos en el bien y en la bondad. Una sencilla llamada a un difunto querido, un pensamiento feo que puede transcurrir en un parpadeo, un arranque de cólera, la tentación del trago—todo esto y más pueden invitar al mal sin querer a entrar en nuestras vidas.

    Éstas son historias de las presencias oscuras que están cerca siempre, ahí mismo, esperando una señal, un suspiro de tristeza, un deseo por algo fuera de lo conocido: están esperando, mirando. Ten cuidado, mucho cuidado, que no te visiten a ti.

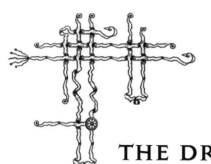

THE DREAMING BACHELOR

Daniel Mano sits in a dimly lit kitchen. His home north of Velarde, near Dixon, New Mexico, is modest, with white-washed walls holding no paintings or decoration. His smile creases wrinkles around his sun-tanned fifty-year-old face. His hair is as black as the day he was born, without a trace of grey. "I am a bachelor," he says with a distinguished air of honor. "Don't think I haven't wondered about married life." Frowning, he jerks his chin upwards. "I have. Wondering never hurt anyone; it is the dreaming which brings evil into a person's life. Do you know the story of The Dreaming Bachelor?"

Shaking his head, he lifts his coffee cup to his lips. "It is a good story. Dreams can kill you." Daniel finishes off his coffee and with a soft sigh his voice echoes through the quiet kitchen.

Some time ago there was a tall, dark, Hispanic man of twenty-eight years who lived with his anger and grief wrapped around inside of him. As with many others, he let his anger dwell deeply, and slowly over time he befriended it. Alfonso kept to himself in his humble adobe home. This house he allowed to be his security of solitude.

EL SUEÑO DEL SOLTERO

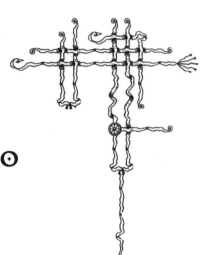

Daniel Mano está sentado en una cocina apenas iluminada.
Su humilde casa al norte de Velarde, cerca de Dixon, Nuevo México,
tiene paredes blancas sin cuadros ni adorno. Su sonrisa pinta arru-
gas en su bronceada cara de cincuentón. Tiene el pelo tan negro como
el día en que nació, sin cana alguna—. Soy soltero —dice con aire
distinguido de honor. —No vayas a pensar que no haya pensado en
la vida del casado. —Frunce el ceño y alza la barbilla—. Sí lo he
hecho. Pensar no causa problemas; pero soñar, eso sí causa daño en
la vida de uno. ¿Conoces el cuento del soltero soñador?

Meneando la cabeza, levanta la taza de café a su boca—. Es una
historia buena. Los sueños pueden matarte. —Daniel acaba su café,
y con un suspiro bajo, comienza. Su voz hace eco en la cocina tran-
quila.

Hace tiempo había un hispano alto y moreno de 28 años que
vivía acompañado por su rabia y su pena. Como muchos otros,
dejaba que su rabia habitara muy adentro de él, y con el tiempo,
se le hizo amigo. Alfonso vivía solo en su humilde casa de adobe.
Dejaba que esta casa fuera su seguridad.

One night, Alfonso's butterscotch brown eyes danced as he stared into the firelight of his modest living room. The flames leapt around the hearth as he plucked his guitar, singing. He kicked off his polished high black boots and rubbed the bottom of one socked foot against the other. The evening town dance had been great fun. He had danced every dance with all the sweet, fine, young virgins in the small town of Velarde and had come home alone. His nostrils flared remembering the sweet scents of the beauties he had twirled and dipped. Their soft skin and delicate laughter had delighted his heart. The rhythm of the music had lifted his spirits, whirling in the delight of the fragile women he had embraced in his strong arms. Alfonso reached up and touched his cheek. These spirited lovelies had placed their soft cheeks against his, letting him breathe in their essence. Soaring with desire, he had left early to return home, alone. No one was invited to his solitary home. This was his place, alone, sacred.

The pulsing hot blood in his body cooled. He was not going to be swayed by the ways of women. His mother had been enough for him. His mother had been too much for him and his father. His strong Spanish father had died in misery at the age of fifty-five years. His humble, quiet, hard-working father had done every kind of work known in these parts to meet the demands of his mother. The work of ten men could not have compared with the will of his father to please. Yet his mother, a beauty, had desired more and more, more than his father or the world could ever meet. She had died herself not more than five years ago with all her riches and gowns, her fine silk shoes by the bed, her jewelry

Una noche, Alfonso miraba la lumbre en su sala sencilla; brillaban sus ojos color café caramelo. Las llamas bailaron en la chimenea mientras rasqueaba la guitarra, cantando. Se quitó de una patada sus botas altas, negras y pulidas, y rozó con un talón en calcetín contra el otro. Se había divertido mucho esta noche en el baile pueblerino. Había bailado cada pieza, bailado con todas las jóvenes y dulces vírgenes de la aldea de Velarde, y había vuelto solo a casa. Las narices se le ensancharon al recordar la dulce fragancia de las bellas a quienes había dado vueltas e piruetas. Su suave piel y sus risas delicadas le habían deleitado el corazón. Su ánimo se había exaltado al compás de la música, mientras daba vueltas con deleite, sosteniendo a las mujeres frágiles en sus brazos fuertes. Alfonso levantó la mano para tocarse la mejilla. Estas mujeres hermosas y animadas habían puesto sus mejillas sobre la suya, dejándole aspirar su esencia. Volando con deseo, había dejado el baile para regresar a casa, solo. Nadie fue invitado a su casa solitaria. Esto era su lugar, solo, sagrado.

La sangre caliente y pulsante de su cuerpo se calmó. No iba a dejarse influir por las mujeres. Su madre le había sido suficiente. Su madre había sido demasiado para él y para su padre. Su fuerte padre español murió en la miseria a la edad de cincuenta y cinco años. Su humilde padre, callado y trabajador, había hecho toda clase de trabajo conocido por esta región para cumplir con los deseos de su madre. El trabajo de diez hombres no se compararía con el deseo de su padre de complacerla. Pero su madre, una mujer bella, había querido cada vez más, más que su padre o el mundo entero fuera capaz de satisfacer. Ella misma había muerto hacía apenas cinco años con todos sus galas: sus trajes elegantes, sus finos zapatos de seda al lado de su cama, sus joyas extendidas

laid out on the bureau, her many desires yet unfulfilled. Alfonso had sat by her bedside watching her suck in her last breath. "I want more," were the last words his mother spoke. The lovely polished red lips never uttered another word. "I want more" had echoed in Alfonso's brain for months afterward.

Remembering, Alfonso leaned his guitar against the floor and the armrest of the wooden chair. He had his fire, his house, his peace and quiet. What more could a man ask for? He watched the flames, thinking of his father and all his futile trials. His father had been devoted to his mother with a deep love Alfonso would never understand. All of the sweat, turmoil, and desired objects killed his father. Not Alfonso, oh, no, he was not going to go to his death with a demanding woman scowling at his grave.

Alfonso got up from his cushioned wooden chair, reached for his boots, and placed the guitar against the old, hand-tooled mahogany desk his father had made. He rubbed the top of the desk. It was polished to a high shine visible even in the dying embers of the firelight. Contentedly, Alfonso smiled his way to his bedroom.

He sank into the soft feather double bed, pulling the thick white quilt over his shoulders. His life was good. A woman could make it better, but he preferred his quiet, solitary world. Ah, a woman, what would his life be with a woman—nothing but misery! He slept, dreaming of the beauties on the dance floor. The kerosene lamp played with the shadows on the far wall.

An eerie whistling sound filtered in through a crack in the

sobre la cómoda, sus muchos deseos todavía sin realizar. Alfonso se había sentado al lado de su cama para vigilar su agonía final. "Quiero más," fueron las últimas palabras que su madre dijo. De los bonitos labios pintados de rojo ya no salió otra palabra. "Quiero más" se le había repetido en la mente a Alfonso por muchos meses después.

Recordando todo esto, Alfonso colocó la guitarra en el piso, apoyándola sobre el brazo de la silla de madera. Tenía lumbre, casa, paz y tranquilidad. ¿Qué más podría desear un hombre? Miraba las llamas, pensando en su padre y sus sufrimientos inútiles. Su padre se había dedicado a su madre con un amor profundo que Alfonso nunca comprendería. Todo el sudor, el conflicto, los objetos deseados mataron a su padre. Pero Alfonso no— él no iba a morirse con una mujer insatisfecha haciendo muecas sobre su tumba.

Alfonso se levantó de la silla de madera acolchada, alargó la mano para alcanzar las botas y colocó la guitarra sobre el viejo escritorio de nogal tallado por su padre.Pasó la mano por encima del escritorio. Estaba pulido con un brillo fuerte visible aun en la luz débil de los rescoldos de la chimenea. Contento, sonriente, Alfonso se dirigió a su recámara.

Se hundió en el suave colchón de plumas, tamaño matrimonial, y se tapó con la pesada colcha blanca hasta los hombros. Tenía una buena vida. Con una mujer, sería mejor, tal vez, pero prefería su tranquilo mundo solitario. Ah, una mujer, ¿cómo sería su vida con una mujer? Puro sufrimiento. Durmió, soñando con las jóvenes bonitas en la pista de baile. El quinqué jugaba con las sombras en la pared lejana.

Un silbido raro entró filtrando por una grieta en el muro de la

outer bedroom wall. Alfonso turned in his slumber; images of beautiful women danced in his dreams, circling him with their full skirts and dancing eyes. Off in the distance beyond his dream he heard a soft whistling, but it did not awaken him. The kerosene lamp's wick burned low, illuminating images on the wall. The eerie sound grew from a soft tune to a loud, haunting whistle. Alfonso tossed and turned in his sleep. An uneasiness entered into him. The whistling grew louder as a white cloud began to form in the dark room. The white cloud reached out and touched Alfonso's hair, lifting it and dropping it in a rhythmic motion.

Startled, Alfonso jerked awake. With eyes open wide, he jumped to his feet, staring at the white cloud next to the bed. Hurriedly he located its source—the wall. Grabbing one of his thick wool socks, he jammed it hard into the crack, stopping the white smoky air from continuing to billow into the room.

He reached for the kerosene lamp and turned the wick to lighten the room. The white misty cloud changed form in front of his eyes. He froze—for now beside him stood a woman. This was not an ordinary village woman. Her skin was translucent, her hair was a cloud of flowing darkness, and she gazed at him with hollow knowing eyes. Eyes wide, he stepped back and studied her. Her hands reached out to him with long, frail, white fingers.

His voice was raspy. "Who are you? Where did you come from?"

She whispered her response, filling the room with the odor of lilacs: "I know you."

Trembling with fear, Alfonso got back into bed and blew out

recámara. Alfonso se dio vuelta mientras dormía; imágenes de mujeres preciosas bailaban en sus sueños, rodeándolo con sus faldas extendidas y sus ojos bailadores. En la lejanía, más allá de su sueño, oyó un silbido bajo, pero no se despertó. La mecha de la lámpara estaba baja, proyectando imágenes en la pared. El sonido raro se intensificó de una tonada baja a un silbido fuerte y obsesionante. Alfonso, dormido, dio vueltas en la cama. Se le entró el malestar. El silbido se areció mientras una nube blanca empezó a tomar forma en el cuarto oscuro. La nube blanca se extendió para tocar los cabellos de Alfonso, subiéndolos and dejándolos caer en un movimiento rítmico.

Sobresaltado, Alfonso se despertó bruscamente. Con los ojos muy abiertos, se incorporó de un brinco, mirando la nube blanca al lado de la cama. Rápidamente halló su punto de origen: la pared. Cogió uno de sus gruesos calcetines de lana y lo metió con fuerza en la grieta, así evitando que el aire blanco y nebloso continuara a entrar en el cuarto.

Alcanzó el quinqué y subió la mecha para alumbrar más el cuarto. La blanca nube neblosa se transformó ante sus ojos. Se detuvo: ahora a su lado había una mujer. No era una mujer ordinaria del pueblo. Esta tenía la piel translúcida, el cabello como una nube oscura y fluyente, y lo miraba con ojos hundidos, sagaces. Con los ojos muy abiertos, Alfonso se retrocedió y la observó. Ella le tendía las manos con dedos largos, frágiles, y blancos.

Roncamente, le preguntó—: ¿Quién eres? ¿De dónde viniste?

Respondió en voz baja, llenando el cuarto con el olor de lilas—: Te conozco.

Tembloroso, Alfonso volvió a acostarse y apagó la lámpara.

the kerosene lamp. After a night of restless dreams, he woke with a start as the sunlight entered the room. He rubbed his eyes and pushed his curly black hair off of his forehead. Something moved beside him. There to his left was the woman. She was lying on the bed, no longer floating, and her eyes were wide, her lips paler than ever. She did not speak but stared at the sunlight hitting her body. Alfonso realized she was trapped by the daylight.

He rose from the bed, dressed, and went outside to the barn to do his chores of feeding, milking, and gathering the fresh eggs. When he returned to the house, the woman was in the kitchen making him breakfast. He stood with the basket of fresh eggs in his hand. "Who are you?"

"I know you," was her only reply. The room once again filled with the smell of lilacs. Alfonso said nothing to her as he ate his eggs and bacon and drank his coffee. The woman moved with silent grace through the kitchen, tending to the work of a woman. Alfonso was pleased with her silence. He finished his breakfast, gathered up his woodwork, and set off for town with his trusty gelding horse. Perhaps this woman of his dreams could fulfill his needs and he could have his quiet.

Alfonso whistled all day. He smiled and grinned more than anyone could remember. His humor was good, his conversation lively, and his mood pleasant. This did not surprise most of the older men, who knew Alfonso to be a likeable person with patience for others.

The woman worked all day while Alfonso was gone. She sewed his clothes, cleaned the house, fixed his dinner, and put the place in order. She avoided the sun coming in through the window.

Tras una noche de sueños agitados, se despertó sobresaltado al entrar la luz del sol en el cuarto. Se frotó los ojos y apartó de la frente su negro pelo rizado. Sintió un movimiento a su lado. Ahí a su izquierda se encontraba la mujer. Estaba acostada en la cama, ya no flotaba, y tenía los ojos muy abiertos, los labios más pálidos que nunca. No habló sino que fijaba la mirada en la luz del sol que le pegaba el cuerpo. Alfonso se dio cuenta de que ella estaba atrapada por la luz del día.

Se levantó, se vistió, y salió al establo para hacer las faenas rutinarias: dar de comer, ordeñar, recoger los huevos frescos. Cuando volvió a la casa, la mujer estaba en la cocina preparándole el desayuno. Alfonso se quedó parado con el cesto de huevos frescos en la mano—. ¿Quién eres?

—Te conozco —fue su única respuesta. La cocina se llenó del olor de lilas. Alfonso no le dijo nada mientras comió huevos y tocino y tomó su café. Silenciosa, la mujer iba y venía con gracia por la cocina, llevando a cabo los quehaceres de mujeres. A Alfonso le gustó su silencio. Terminó de desayunar, juntó sus trabajos en madera, y se encaminó hacia el pueblo montado en su caballo fiel. Quizá esta mujer de sus sueños pudiera cumplir con sus necesidades y él pudiera seguir disfrutando del silencio.

Todo el día Alfonso silbó. Se sonrió más de lo que había sonreído nunca, según recordaron los otros. Estaba de buen humor y era chistoso y vivaz para la conversación. Nada de esto les pareció raro a los hombres mayores, que conocían a Alfonso como una persona simpática con paciencia para los demás.

La mujer trabajó todo el día mientras Alfonso estaba fuera. Remendó su ropa, limpió la casa, preparó su cena, y puso orden en todo. Evitó el sol que entraba por la ventana.

When Alfonso returned, he put his hat on the rack by the front door, shook out his dusty jacket, and placed the food he had bought on the kitchen counter. The smell of lilacs was strong in the room. The woman was cooking at the stove. Her fragile fingers held the wooden spoon, stirring the stew. The soft, delicate white dress outlined her supple figure; her sensual translucent skin showed through the thin material. Her breasts were firm, her waist small, her buttocks and thighs rounded with voluptuous curves. Dancing dark hair floated around her soft shoulders as her head turned to greet him. Supple lips remained puckered as her hollow eyes met his.

Alfonso placed his woodworking tools on the counter. In a calm voice, he asked, "Who are you?"

The woman whispered, "I know you."

Alfonso tried to ignore her as he sat down at the table and ate his meal.

The woman gained in strength as the darkness of night came upon Alfonso's home. Her humming was pleasant as she washed the dishes and placed them to dry on the dish towel. Alfonso went into the living room and built up the fire. He sat down with his guitar, lit up a cigar, and played. His mood became somber when the smell of lilacs filled the room.

Alfonso watched her as he played his guitar. She sat down far from him on the banco by the desk. She didn't move, her delicate face glowed with a pink hue, and her smile was almost evil as it lifted at the corners of her mouth. Alfonso said nothing, but put his guitar down and turned to stare into the fire, trying to reach for his old confidence.

The clock over the desk struck ten. It was time to bank the

Al regresar, Alfonso colocó su sombrero en la percha cerca de la puerta de entrada, sacudió su chaqueta polvosa, y puso la comida que había comprado en el mostrador de la cocina. Se sentía un fuerte olor a lilas en la cocina. La mujer cocinaba en la estufa. Sus dedos frágiles sostenían la cuchara de madera, removiendo el estofado. El primoroso vestido blanco trazaba el contorno de su figura atractiva; su sensual piel translúcida se veía a través de la tela ligera. Tenía los senos firmes, la cintura pequeña, las nalgas y muslos redondos, con curvas voluptuosas. Su pelo moreno, en movimiento constante, flotaba alrededor de sus suaves hombros cuando volvió la cabeza para saludarlo. Al cruzar sus ojos hundidos con los de él, frunció los labios sensuales.

Alfonso puso sus herramientas de carpintería en el mostrador. Con calma, preguntó—: ¿Quién eres?

Susurró la mujer—: Te conozco.

Alfonso trató de no hacerle caso mientras se sentó en la mesa y cenó.

La mujer cobró fuerzas conforme caía la noche en la casa de Alfonso. Le agradó oírle canturrear al lavar los trastes y ponerlos a secar en una toalla. Alfonso fue a la sala y echó leña a la lumbre. Se sentó con su guitarra, encendió un puro, y empezó a tocar. Se puso sombrío cuando el cuarto se llenó del olor de lilas.

Alfonso la observó mientras tocaba la guitarra. Se sentó lejos de él en el banco junto al escritorio. Se quedó quieta, su delicada cara enrojecida, con una sonrisa casi maliciosa que se le subía a las comisuras de su boca. Alfonso no dijo nada, pero bajó la guitarra y volvió para mirar las llamas, tratando de recuperar su confianza de antes.

El reloj sobre el escritorio dio las diez. Era hora para amontonar

coals, lock up the house and go to bed. Alfonso did this with great heaviness. The routine of yesterday became difficult tonight. The woman followed him from room to room, watching his every move. Alfonso stopped at the kitchen door. He pushed the bar shut to lock the door in place, then walked to the cupboard and took out the brandy his father had kept for special occasions. He blew the dust off the top of the bottle and opened it. Not bothering with a glass, he gulped the rich, sweet mixture without a thought. Then he put the bottle back in the cupboard beside two other unopened bottles.

The drink made him light-headed, but more confident. He nodded at the woman and went into the bedroom. He didn't bother to remove his clothes tonight. He was very woozy after all the brandy. They slept together in his bed. Dreams of dancing filled his head; the pleasures of touching, sharing and reward brought him an uneasiness when he awoke at dawn to find the woman still beside him wide awake. Lifting his arm from under her head, he again asked, "Who are you? Why are you here?"

She whispered, "I know you." The smell of lilacs was beginning to make him ill. His mind became muddled. His body was exhausted, but there was work to be done.

Days and nights passed. The smell of lilacs was a constant in his life. Each day Alfonso dressed hurriedly. Each morning he felt more and more drained and weak. Each breakfast was fixed for him, dinner hot upon his return from town, and the dreams of night became stronger, filled with desire.

On Sunday, Alfonso dressed for church. The kitchen was

las brasas, cerrar la casa y acostarse. Alfonso hizo todo con gran dificultad. Las rutinas de ayer le parecían difíciles esta noche. La mujer lo siguió de cuarto en cuarto fijándose en cada movimiento. Alfonso se detuvo en la puerta de la cocina. Metió la tranca para cerrar la puerta, luego abrió el armario y sacó el coñac que su padre había guardado para las ocasiones especiales. Sopló en la tapa de la botella para quitarle el polvo de encima y la abrió. Sin tomarse la molestia de buscar un vaso, sin pensar, tragó el rico y dulce licor. Luego volvió a meter la botella en el armario junto a otras dos botellas sin abrir.

El coñac le hizo sentir algo atolondrado pero más confiado. Se despidió de la mujer con una inclinación de la cabeza y entró en la recámara. No se tomó la molestia de quitarse la ropa esta noche. Se sentía muy mareado después de tanto alcohol. Durmieron juntos en su cama. Sueños placenteros de bailes, caricias, participación y recompensa le llenaron la cabeza y le hicieron sentir malestar al despertarse al amanecer con la mujer, bien despierta, todavía a su lado. Él tenía el brazo apoyándole la cabeza; se la quitó y le volvió a preguntar—: ¿Quién eres? ¿Por qué estás aquí?

—Te conozco —susurró. El olor a lilas empezaba a hacerle mal. Tenía la mente confundida. Tenía el cuerpo bien cansado pero había mucho trabajo que hacer.

Pasaron días y noches. El olor a lilas estaba siempre presente. Todos los días Alfonso se vestía de prisa. Cada mañana se sentía más débil y fatigado. Siempre el desayuno era preparado para él, la cena caliente le esperaba al regresar del pueblo, y los sueños de cada noche, llenos de deseo, se intensificaron.

El domingo, Alfonso se vistió para asistir a la misa. La cocina

dark with sheets hung up over every window. The woman placed his breakfast on the table. The pink in her cheeks had faded. Her lips were white now as well. Alfonso did not bother to eat his breakfast but hurried out the door to do his chores.

The woman waited for him. He ate the food quickly and hurried into town for early morning mass. Singing echoed from the open church doors as he slid in late. Hands trembling, weakly he struggled to take his place on a pew. Jerking his head to keep from dozing, Alfonso listened to the sermon. After church he walked to the cantina and ordered a brandy. He drank three of them. People were amazed, for Alfonso had always condemned drinking, and he was never seen drinking in public.

Alfonso stared out of the cantina's large window. Women walked by, talking and giggling. Their lightheartedness made him ill. Brandy warmed his cold insides as he downed glass after glass. Slowly his eyes focused on his own reflection. The butterscotch brown eyes were dull, almost lifeless. Wrinkles had appeared around his eyes and upper lip. Alfonso shook his head, reaching for more brandy. When it was gone, he staggered through the cantina door, shoving aside an elderly man.

By the time Alfonso got home, the woman had dinner ready. At bedtime, Alfonso made his trip to the kitchen. He finished off the half-full bottle of brandy and with halting steps found his way to the bedroom. The woman was already there, waiting for him. Her hollow eyes beckoned to him. She patted the bed for him to lie down beside her. Alfonso's anger welled up inside of him. His voice barked out at her, "Who are you? What do you want with me?"

She smiled and gave her usual reply. He fell onto the bed and

estaba oscura por las sábanas que cubrían todas las ventanas. La mujer le sirvió el desayuno. Sus mejillas rosadas se habían descolorado. Ahora tenía los labios pálidos también. Alfonso no probó ni bocado sino que salió rápido por la puerta para ocuparse de sus quehaceres.

La mujer lo esperó. Alfonso desayunó de prisa y se apresuró a llegar a la iglesia para la misa de mañana. Ya se oía resonar los cantos por las puertas abiertas de la iglesia para cuando llegó. Débil, con las manos temblorosas, logró sentarse en el banco. Sacudiendo la cabeza para no dormitar, escuchó el sermón. Después de la misa, entró en la cantina y pidió un coñac. Tomó tres. La genta se asombró porque Alfonso siempre había condenado el alcohol y nunca se lo vio tomar alcohol en público.

Alfonso se quedó mirando por la ventana de la cantina. Pasaron varias mujeres charlando y riéndose. Su alegría le hizo mal. El coñac le calentó las entrañas al tragar copa tras copa. Poco a poco empezó a fijarse en su propio reflejo. Sus ojos morenos carecían de vida. Unas arrugas se le notaban junto a la boca y los ojos. Alfonso meneó la cabeza y alargó la mano para servirse más coñac. Al acabarlo, salió tambaleando por la puerta de la cantina, dando empujones a un viejo al pasar.

Cuando llegó a su casa, la mujer tenía lista la cena. A la hora de acostarse, Alfonso entró en la cocina. Acabó la media botella de coñac y con pasos vacilantes se dirigió a la recámara. La mujer ya estaba, esperándolo. Le hizo señas con los ojos hundidos. Dio palmaditas a la cama para que se acostara a su lado. Alfonso se llenó de rabia. Brusco le gritó—: ¿Quién eres? ¿Qué quieres de mí?

Ella se sonrió y respondió como siempre. Alfonso se tumbó en

passed out with the smell of lilacs filling the room.

The days passed. Dreams filled the nights with dancing, desire, and exhaustion. Alfonso lost his appetite for food as his desire for brandy grew. The woman never ate anything. Alfonso's body withered and aged with the rising of the sun. His eyes became cold, hard. Again and again he would ask her, "Who are you? Where did you come from?" And always he would receive the same reply.

A full round orange moon hung suspended in the fall air on this one particular night. Alfonso, as usual, grabbed for the brandy and drank the whole bottle before staggering his way to the bedroom. The woman was, as usual, lying on the bed, her eyes intense, her smile intoxicating, her hands moving softly, calling him to her. Alfonso staggered back away from the bed.

Lilacs made him ill. Shaking his head, Alfonso remembered. Somewhere from back in the recesses of his mind came the image of his mother's great love for lilacs. He had placed piles of them on her grave when she died in the spring. Dizzy, Alfonso fell back, his hand hitting the sock he had stuck into the chinked wall. Without a thought, he pulled out the sock. He heard the whisper of the night breeze.

"Here, you came in this way and now you shall go out!" He pointed at her and at the hole in the wall. She stared at him with her hollow eyes. "I am ordering you to leave my home, now!" The wind began to wail, the kerosene lamp flickered, the shadows grew long. Alfonso remained firm.

Slowly, silently, the woman's body floated above the bed. Her womanly form changed into a soft floating cloud. A low, whimpering, eerie cry filled the silence of the room. The white form was

la cama mientras el olor a lilas llenó la habitación.

Pasaron los días. Las noches se llenaban de baile, deseo y cansancio. Mientras más ganas le daban para el coñac, menos apetito tenía para la comida. La mujer nunca comía. El cuerpo de Alfonso se marchitaba y se envejecía con cada amanecer. Los ojos se le pusieron duros, fríos. Repetidas veces le preguntaba a la mujer—: ¿Quién eres: ¿De dónde viniste? —Y recibía siempre la misma respuesta.

Una noche, la luna llena y anaranjada se veía suspendida en el aire de otoño. Alfonso como siempre agarró el coñac y tragó toda la botella antes de dirigirse tambaleante a la recámara. La mujer como siempre estaba acostada en la cama, ojos intensos, sonrisa embriagadora, moviendo las manos suavemente, llamándolo. Alfonso se echó atrás.

La lilas le hacían mal. Moviendo la cabeza, Alfonso recordó. De algún lugar muy lejano, muy profundo de su mente le llegó la imagen del gran encanto para su madre de las lilas. Él había colocado miles de lilas en su tumba cuando murió en la primavera. Mareado, Alfonso se cayó de espaldas, dando con la mano al calcetín que había metido en la grieta de la pared. Sin pensarlo, sacó el calcetín. Oyó susurrar la brisa nocturna.

—Bien, ¡entraste por aquí y ahora saldrás! —Señaló con el dedo a ella y la grieta. Ella lo miró con sus ojos hundidos—. ¡Insisto en que dejes mi casa inmediatamente! —El viento empezó a gemir, el quinqué vaciló, las sombras se alargaron. Alfonso se quedó firme.

Muy despacio, silenciosa, la mujer flotaba por arriba de la cama. Su forma humana se transformó en una nube suave. El silencio de la habitación se llenó de un quejido débil, misterioso.

being pulled toward the open crack in the wall. The cloud became a soft damp fog as it slid through the crack and disappeared. Alfonso grabbed the sock and stuffed it back into the wall. The smell of lilacs was gone.

The next day Alfonso returned to town. Amazed, the people watched him. He had his lilting, confident walk again, his kind eyes back in his gentle face. He lifted his hat to the women and said "Good day" to the men, and he didn't visit the cantina.

No one understood what had come over Alfonso, but they were glad to have him back to his old self. And thus we see the terrible power of dreams.

La forma blanca iba arrastrada hacia la grieta abierta de la pared. La nube se cambió en una neblina suave y húmeda al deslizarse por la grieta y desvanecerse. Alfonso agarró el calcetín y lo volvió a meter con fuerza en la pared. Ya no sintió el olor a lilas.

Al día siguiente, Alfonso regresó al pueblo. Asombrada, la gente lo miró. Se le notó de nuevo su cadencia al caminar, sus ojos tiernos en la cara bondadosa. Les saludó a las mujeres quitándose el sombrero y al los hombres diciéndoles "Buen día," y no entró en la cantina.

Nadie comprendió lo que le había pasado a Alfonso, pero estaban contentos de tenerlo otra vez como antes. Y así se muestra el terrible poder de los sueños.

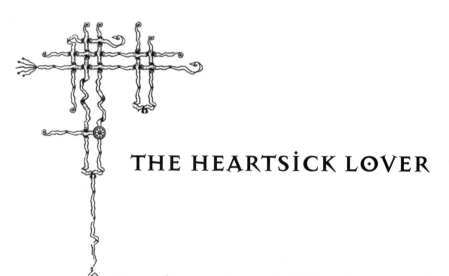

THE HEARTSICK LOVER

Maria Christina Gonzales hobbled on her one crutch to the banco on the front portal. Her tight bun held her glistening white hair perfectly in place. She settled her plump, eighty-year-old body delicately on the hard mud banco. Placing the crutch by her left side, she straightened out her left leg, revealing its footless stump. Her small, wrinkled fingers rubbed her knee through the white and pink cotton house dress.

"Stories? You like stories?" Her raspy voice echoed in the afternoon sunshine. "Stories, oh, do I have stories!" She smacked her painted red lips. The red lipstick crawled up the cracks of wrinkles and gave her upper lip tiny red rivers of color. "I am deaf, did you know I am deaf?" She waited for a nod.

"Well then, I shall tell you a story, and if you interrupt I won't hear you." Her jovial laugh lightened her mood. She leaned her bent shoulders back against the warm adobe wall. "I am a romantic." Her eyes glistened. "Everyone knows this. Now you do, too! Ha, hah, hah. So I shall tell you a story of romance. This does not have a good ending, but it is good for young people to hear." Maria Christina shook her head. "Youth, what do they know? They think

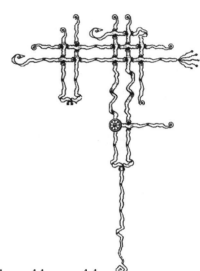

MAL DE AMORES

María Cristina Gonzales cojeó con una muleta al banco del portal. Su reluciente pelo blanco se controlaba perfectamente en un moño apretado. Con delicadeza, acomodó en el duro banco de adobe su cuerpo regordete de ochenta años. Colocó la muleta a su lado izquierdo y se alargó la pierna izquierda, revelando así el muñón sin pie. Con los pequeños dedos arrugados frotó la rodilla por abajo de la bata de algodón color blanco y rosado.

—¿Historias? ¿Te gustan las historias? —Su voz áspera resonó en la luz del sol de la tarde—. Historias, sí, ¡que conozco muchas historias! —Hizo sonar los labios pintados de rojo. La pintura roja había llenado las rendijas de las arrugas y teñía el labio superior con pequeños rillitos rojos—. Soy sorda,¿lo sabías? —Esperó una afirmación de cabeza.

—Bueno pues, te contaré una historia, y si interrumpes no te voy a oír. —Su risa alegre le animó. Apoyó los hombros corvados en el muro de adobe calentado por el sol—. Soy romántica. —Le brillaban los ojos—. Todo el mundo lo sabe. Y tú también lo sabes ahora. Ja. Ja. Ja. Entonces voy a contarte una historia de romance. No tiene un final feliz pero es importante que los jóvenes la conozcan. —Meneó la cabeza—. Los jóvenes, ¿qué saben ellos? Piensan que

they know everything, but they know nothing! Nothing! They are stupid, stupid, stupid with the power of emotion."

Sighing, Maria Christina let her head relax against the adobe wall behind her. "This is the story I shall tell you. It is important for you to share this story of 'The Heartsick Lover' with others who are young and stupid. Love can bring death as well as great joy."

In the late 1800s, a time of war had come across the plains of southern Colorado and northern New Mexico. The adventurous sheepherders fought for the land given to them through a Spanish land grant. The Jicarilla Apache Indians believed the land to be theirs. They had no use for pieces of paper and believed the land belonged to those who fought for it, cared for it, and tended it, for the earth was everyone's, but the strong held the land by their own strength.

The transplanted sheepherders held a council. They decided that the only way they could keep the land was to do just what the Jicarilla wanted. They would fight. The younger men would be trained; the older men, who had the knowledge of warfare from Spain, would melt down the metal from the wagons and make swords. It was decided they would fight for this land they had birthed children and grandchildren on—the rolling hills of thick grassland were theirs.

Señor Ortiz was a fine and well-respected sheepherder in his late fifties. His thick grey hair highlighted his fiery blue eyes. A handsome Basque widower who had been stronger than his Andalusian wife, he welcomed the trials of fatherhood. He had

saben de todo, pero no saben nada. ¡Nada! Son tontos, tontos, atontados por la fuerza de la emoción.

Suspirando, María Cristina dejó descansar la cabeza en el muro de adobe detrás de ella—. Ésta es la historia que te voy a contar. Es importante que des a conocer esta historia de "Mal de amores" a los que son jóvenes estúpidos. El amor puede traer no sólo la gran alegría sino también la muerte.

En los últimos años del siglo diecinueve, un tiempo de guerra había comenzado por los llanos de Colorado del sur y de Nuevo México del norte. Los pastores aventureros luchaban por la tierra que les había otorgado el rey de España. Los indios apache jicarilla consideraban suya la misma tierra. No les importaban en absoluto los documentos y creían que la tierra pertenecía a los que lucharan por ella, que la cuidaran y atendieran, porque la tierra era de todos pero los fuertes la retenían por su propia fuerza.

Los pastores transplantados convocaron un consejo. Decidieron que el único modo de guardar la tierra era en hacer justamente lo que querían los jicarilla. Lucharían. Los jóvenes serían adiestrados; los mayores, que trajeron conocimientos de guerra de España, fundirían el metal de los carros para fabricar espadas. Decidieron luchar por esta tierra en donde habían dado a luz a los hijos y los nietos: las colinas ondulantes cubiertas de hierba eran suyas.

El señor Ortiz era un pastor bueno y respetado de cincuenta y tantos años. Su abundante pelo canoso hacía relucir sus encendidos ojos azules. Un atractivo viudo vasco que resultó más fuerte que su mujer andaluza, aceptó con entusiasmo los desafíos de la

been blessed with three fine daughters, all prize spinners of wool. His wool was the best in the land, for he had alpaca sheep.

His two strong-minded oldest daughters decided to dress as men, fight with the men, and bring pride to their father. He was not aware of their plan. His youngest daughter Paula was a small, lazy girl who preferred to spend her time mooning over her lover Reynaldo.

Señor Ortiz spent his time at the blacksmith's with the older men, heating the metals, forging the swords, as the young men left the town to fight. His strong arms hammered down and forged many a sword. His deep rolling voice echoed above the rest as he spoke of his hatred for the Indians.

Little did Señor Ortiz know that two of his daughters had cut their hair short as soon as his shadow had passed around the sheep shed that morning. They had hurried to pull out the men's breeches from under their mattresses and slid them on with the thick socks and high black boots they had traded for earlier in the week. Their father's loose-fitting white shirts showed little of their slim feminine figures. They mounted the horses with the young men and left without even saying goodbye.

Not until dark, when Señor Ortiz returned home to Paula, did he learn of his daughters' absence. Paula hesitantly explained to her father how the older sisters had decided to bring honor to the family since there were no men to fight. Her dark brown eyes struggled to meet her father's glare. His anger was all too well known. Hurriedly, Paula ladled the dinner of pork stew with half cooked potatoes onto his plate on the kitchen table.

paternidad. Tuvo la buena fortuna de tener tres hijas buenas, todas ellas tejedoras premiadas. La lana de él era la mejor de la región, ya que tenía ovejas alpacas.

Las dos hijas mayores, muy independientes, decidieron vestirse de hombre, irse a luchar con los otros, y así traer orgullo al padre. El padre no sabía nada de su plan. La hija menor, Paula, era una muchacha pequeña y perezosa que prefería pasar el tiempo soñando con su amado Reynaldo.

El señor Ortiz pasó el tiempo en la fragua con los hombres mayores, calentando el metal y forjando las espadas mientras los jóvenes salían del pueblo a luchar. Con sus brazos fuertes martilleó y forjó muchas espadas. Su voz, profunda y resonante, se oía por encima de los demás al hablar de su odio por los indios.

No se imaginaba el señor Ortiz que dos hijas suyas se hubieran cortado el pelo apenas pasó su sombra por el corral esa mañana. Se habían apresurado a sacar los pantalones de hombre de su escondite abajo de sus colchones y se los habían vestido con los gruesos calcetines y las altas botas negras por los que habían trocado unos días atrás. Las camisas de su padre que les quedaban grandes no revelaban sus delgadas figuras femininas. Montaron los caballos con los hombres jóvenes y se fueron sin despedirse.

Sólo al atardecer, cuando volvió el señor Ortiz a casa, se enteró de la ausencia de sus hijas. Vacilante, Paula le explicó a su padre que sus hermanas mayores querían traer honor a la familia ya que no había hijos que pudieran luchar. Con sus oscuros ojos morenos se esforzó por aguantar la mirada feroz de su padre. Conocía demasiado bien su famosa ira. De prisa, Paula le sirvió en la mesa de la cocina la cena de estofado de puerco con papas medio cocidas.

Señor Ortiz flew into a rage. "There are no men in this family for a reason! You are my daughters to continue on the family tradition!" His fist hit the table hard, flipping the plate of food upside down onto the hard dirt floor. "You! You! Paula, you should have run to me the minute the older girls even talked about such a trick!"

Señor Ortiz lifted his hand and pointed a finger in Paula's face. "You and your sisters do not understand the dangers here, nor do you respect the wisdom of your elders! Go to your room now!" Paula dropped the hot pot of stew on the table and rushed to her room. Sobbing, she bolted the door.

Silence filled the house as evening fell. Paula sat on the edge of her bed, rocking back and forth. She let the tears fall onto her lap. "I am not going to stay here! Reynaldo will come and take me away! Web of life, weavers, weave your wool, bring my love to me or let me die."

Reynaldo's firm knock echoed through the house as the eight o'clock church bells rang out through the small town. Señor Ortiz answered the door and invited Reynaldo for a drink. The young man showed great respect to Señor Ortiz as he heard the news of the older girls going to battle. Reynaldo assured Señor Ortiz that he would find the girls and send them home immediately. He had his orders to leave the next day.

Upon hearing Reynaldo's voice, Paula had silently crept to the hall doorway. She listened intently to every word of the conversation. In her heart she knew Reynaldo would take her into battle with him. She could not live without seeing him at least once a day!

The two men completed their drinks and their conversation.

El señor Ortiz montó en cólera—. ¡No hay hombres en esta familia por una razón! ¡Tengo hijas para continuar la tradición familiar! —Dio puñetazos a la mesa, volcando al suelo el plato lleno de comida.— ¡Tú! ¡Tú, Paula! ¡Debiste haberme corrido con la noticia desde el primer momento que tus hermanas empezaron a hablar de tal desgracia!

El señor Ortiz levantó la mano y señaló con el dedo en la cara de Paula—. ¡Tú y tus hermanas no entienden los peligros que hay por aquí, ni respetan la sabiduría de los mayores! ¡Vete a tu cuarto, ya! —Paula dejó caer la olla caliente de estofado en la mesa y fue corriendo a su cuarto. Llorando, cerró la puerta con tranca.

La casa se llenó de silencio al caer la noche. Paula estaba sentada al borde de la cama, meciéndose. Le cayeron lágrimas al regazo. —No me quedo aquí. Vendrá Reynaldo para llevarme. Telaraña de la vida, tejedoras, tejan su lana, tráiganme mi amor o déjenme morir.

El toque firme de Reynaldo hizo eco por la casa al dar las ocho las campanas de la iglesia por la aldea. El señor Ortiz respondió a la puerta, invitando a Reynaldo a beber algo. El joven mostró gran respeto por el señor Ortiz al enterarse de que las hermanas mayores habían ido a luchar. Reynaldo aseguró al señor Ortiz que encontraría a las hijas y las mandaría enseguida a casa. Ya tenía la orden para salir al día siguiente.

Al oír la voz de Reynaldo, Paula había ido sigilosamente a la puerta del pasillo. Escuchó con atención cada palabra de la conversación. En el fondo del corazón, sabía que Reynaldo la llevaría a la batalla con él. ¡No podría vivir sin verlo por lo menos una vez al día!

Los dos hombres acabaron las copas y la conversación. El

Señor Ortiz extended his strong hand to the young man as he stood to leave. Graciously, Señor Ortiz followed Reynaldo out of the room, where they were met by a tearful Paula.

"Reynaldo, please let me go with you into battle!" Her pleading green eyes begged him. "Please, Reynaldo, for I shall not be able to live without you!"

Reynaldo started to speak but was interrupted when Señor Ortiz grabbed Paula by the collar and dragged her to her room, locking her door from the outside. Paula screamed and yelled. Señor Ortiz just nodded at Reynaldo to depart.

Señor Ortiz fell asleep in his chair. Tears dried on his cheeks. In the morning he let Paula out to do chores.

Weeks went by with no one coming home. Paula wandered aimlessly through the day, doing her chores with as little effort as possible. Señor Ortiz no longer laughed or belted out his strong voice. Everyone in the town was subdued with worry. The town sent young women to stand at the top of the hill as sentinels, watching for anyone who might return. Finally, after two months, stragglers returned. Warriors limped home with missing limbs. The wounded were met to have arrows removed from their putrefying bodies. Others would never return.

Señor Ortiz no longer listened to the story of the bloody confrontation. His heart was broken and his face became bitter. Paula cried at night, praying. "Web of life, weavers, weave your wool, bring my love back to me or let me die." In the morning she fixed her hair perfectly, putting on one of her best dresses, hopeful for Reynaldo's warm embrace.

señor Ortiz le tendió la mano al joven cuando se incorporó para irse. Cortés, el señor Ortiz salió de la sala detrás de Reynaldo, para encontrarse inmediatamente con la llorosa Paula.

—Reynaldo, por favor, ¡deja que te acompañe a la batalla! —Sus ojos verdes le rogaron—. ¡Por favor, Reynaldo, que no podré vivir sin ti!

Reynaldo estaba al punto de hablar pero se le interrumpió el señor Ortiz, que agarró a Paula por el cuello del vestido y la arrastró a su cuarto, donde la encerró. Paula gritó y chilló. El señor Ortiz le indicó a Reynaldo que se fuera.

El señor Ortiz se durmió en la silla. Las lágrimas se le secaron en las mejillas. Por la manana dejó salir a Paula para hacer las faenas de la casa.

Pasaron semanas sin que nadie regresara. Paula pasaba los días vagando sin rumbo fijo, haciendo los quehaceres con un mínimo de esfuerzo. El señor Ortiz ya no se reía ni cantaba a voz en grito. Toda la gente del pueblo andaba preocupada. Mandaron a mujeres jóvenes para hacer guardia en la cima de la colina, esperando a que volviera algún soldado. Por fin, después de dos meses, regresaron unos pocos. Guerrilleros faltando una pierna o un brazo cojearon a casa. A los heridos se les fue al encuentro para sacar flechas de sus cuerpos putrefactos. Otros no regresarían jamás.

El señor Ortiz ya no prestaba atención a la historia de la lucha sangrienta. Tenía el corazón roto y la amargura se le notaba en la cara. Por la noche, Paula lloraba y rezaba—. Telaraña de la vida, tejedoras, tejan su lana, devuélvanme mi amor o déjenme morir. —Por la mañana se peinaba con mucho cuidado y se vestía uno de sus mejores vestidos, con la esperanza de recibir el abrazo cálido de Reynaldo.

Paula's two sisters came four days later. The middle sister dragged her older sister to the door of their home in the middle of the night. Señor Ortiz immediately woke Paula. The middle sister had an infected foot from being stepped on by a horse. The oldest daughter died the next morning. A week later the middle daughter had her foot removed with much blood lost.

Paula rose at dawn to tend to her sister. Then dressed in her finery she would run to the top of the hill to wait for Reynaldo's return. Paula sang out her song over the plains.

Months passed. Several other young men returned but not Reynaldo. Few of them lived for very long. Paula would run to their bedsides for news of her love. One of the young men told her Reynaldo had been killed and dragged through an open field as a message to those who had wished to remain and fight.

The battle had been lost. The older men decided to send a messenger to the closest Spanish town of San Antonito for military help. They were not going to leave their homes.

Señor Ortiz cared for his sheep with the help of his middle daughter, who walked with a handmade wooden crutch. Paula locked herself in her room. She would not eat nor sleep. She sat in the corner, watching the spiders weave their webs. She rocked and sang, rocked and sang. At night when everyone slept she would cry and tear her hair, praying for Reynaldo's return.

One night she leaned out of the window. The beautiful moon seemed to reflect her loss. She began to pray loudly, her grief ripe within her bosom. Again her sad song sang out into the night.

Las dos hermanas de Paula regresaron cuatro días después de los otros. La menor arrastró a la mayor a la puerta de su casa en medio de la noche. El señor Ortiz despertó a Paula enseguida. La hermana del medio tenía el pie infectado por haberlo pisado un caballo. A la mañana siguiente murió la hija mayor. Una semana después le quitaron el pie a la segunda hija con mucha pérdida de sangre.

Paula se despertaba al amanecer para cuidar a su hermana. Luego, vestida con sus mejores galas, corría a la cumbre de la colina para esperar el regreso de Reynaldo. La canción de Paula resonaba por las llanuras.

Pasaron meses. Varios jóvenes regresaron pero Reynaldo no. Eran pocos los que duraron mucho. Paula corría a sus camas pidiendo noticias de su amor. Uno de los jóvenes le dijo que a Reynaldo lo mataron y luego lo arrastraron por un campo desocupado para espantar a los que querían quedarse a pelear.

Habían perdido la batalla. Los hombres mayores decidieron mandar un mensaje a San Antonito, el pueblo español más cercano, pidiendo apoyo militar. No quisieron salir de sus casas.

El señor Ortiz cuidaba sus ovejas con la ayuda de su hija segunda que caminaba con una muleta de madera hecha a mano. Paula se encerró en su cuarto. Ni comía ni dormía. Se quedaba sentada en el rincón, mirando las arañas que tejían sus telarañas. Se mecía y cantaba, se mecía y cantaba. Por la noche, mientras todos dormían, lloraba y se tiraba del pelo, rezando por el regreso de Reynaldo.

Una noche, se asomó por la ventana. La luna preciosa parecía reflejar su pérdida. Empezó a rezar fuerte, sintiendo en su pecho un dolor intenso. De nuevo se sonó su canción triste en la noche.

A horse was galloping into town. She peered around the window ledge. Hoof beats moved down the cobblestone street towards her window! Could this be Reynaldo at last? Her heart beat quickly in her breast. Her breath froze as the horse came into view. "Reynaldo?" her voice cried out in the darkness. Methodically Paula's voice repeated her chant. "Web of life, weavers, weave your wool, bring my love back to me or let me die."

The horse slowed and came to a halt right outside of her window. Reynaldo's strong arms reached for her, pulling her through the open window and onto the horse. "Come, it is time for us to share our wedding bed."

Paula's eyes filled with joyful tears. She didn't even think of her night clothes or her hair all torn and ragged. Grabbing tightly to Reynaldo, she held fast as she straddled the horse behind him in the saddle.

They rode through the night. The wind blew Paula's long dark hair free. The cold air bit hard against Paula's face. Feeling the cold come right through her night clothes, she hugged Reynaldo tightly.

"Reynaldo, Reynaldo, you came back for me!" She pulled her body closer to his for warmth. He was cold, cold as death itself. Paula shook her head and whispered, "No, he is alive and here with me, my true love." She buried her face into his heavy jacket. It smelled moldy and damp. Paula closed her eyes. No evil thoughts could take away the pleasure of this moment.

Reynaldo's voice called out to her as he rode before her. "We must ride quickly to our wedding bed before the cock crows. We have a wedding party to greet us."

Paula smiled as she sank her face into the back of his heavy

Un caballo entraba galopando en el pueblo. Se asomó por el antepecho de la ventana. ¡El sonido de sus cascos venía acercándose por la calle empedrada hacia su ventana! ¿Sería Reynaldo por fin? Su corazón latió rápidamente en el pecho. Se quedó sin aliento al aparecer el caballo—. ¿Reynaldo? —se oyó su grito en la oscuridad. Se puso a cantar metódicamente. —Telaraña de la vida, tejedoras, tejan su lana, devuélvanme mi amor o déjenme morir.

El caballo aminoró el paso y se detuvo justo en frente de su ventana. Los brazos fuertes de Reynaldo se extendieron hacia ella, sacándola por la ventana abierta para sentarla en el lomo del caballo.

—Ven, ya es hora para que compartamos la cama matrimonial.

Los ojos de Paula se le llenaron de lágrimas de alegría. No pensó en el camisón de noche que tenía puesto ni en su pelo roto y despeinado. Agarrándose fuerte a Reynaldo iba montada a horcajadas detrás de él en la silla.

Cabalgaron por la noche. El viento soltó el largo pelo moreno de Paula. El aire helado le pegó fuerte a la cara. Al sentir entrarle el frío por el camisón, abrazó fuerte a Reynaldo.

—¡Reynaldo, Reynaldo, regresaste por mí! —Se le acercó más el cuerpo a el de Reynaldo buscando su calor. Estaba frío, frío como la muerte. Paula meneó la cabeza y dijo en voz baja—: No, está vivo y está aquí conmigo, mi verdadero amor. —Hundió la cara en su chaqueta gruesa. Olía a mojo y humedad. Paula se cerró los ojos. No permitiría que un pensamiento malo le quitara el placer de este momento.

La voz de Reynaldo le llamó por delante—. Debemos cabalgar rápido a nuestra cama de bodas antes del canto del gallo. Los invitados nos esperan para felicitarnos.

Paula sonrió mientras hundió la cara en su gruesa chaqueta.

coat. A wedding party to greet them! If only her father could be there. She did not notice how flat his voice sounded.

The horse galloped away from town towards the church on the hill, then slowed to a trot. The trees were dark and foreboding just before the dawn. Paula heard voices calling her name. Reynaldo pulled the horse to a walk and then stopped. They were still a little way from the church. Paula looked down. Cemetery crosses glistened white in the moonlight. Long white fingers reached up to her from dark, dusty robes. The faces were covered with black hoods. At first Paula was excited to have such an eager welcome, but they grabbed at her painfully and pulled her from the horse.

Reynaldo dropped from the horse. Paula watched as his skull fell, turning to powder which blew away in the night wind. Paula reached out to him, but his long white fingers broke when she grabbed them, powdering into the dirt. Reynaldo's clothes disintegrated and disappeared as quickly as his bones. Paula screamed as the skeleton hands dug into her, cutting and ripping her skin. She was pulled down into an open pit. Her screams broke the stillness. "Reynaldo, help me! Reynaldo!" Dirt flew in on top of her and soon she could not see the moon at all.

Every Sunday morning Padre Rodriguez walked past the cemetery on his way to the church. On this particular morning he noticed a fine horse standing with its head down next to a newly covered grave. The fresh dirt was not firmly packed down. Padre Rodriguez gave the unmarked grave a soft prayer, a sign of the cross, and a promise not to disturb it. He did not hear the

¡Invitados para felicitarlos! Ojalá que su padre estuviera allí. No notó la falta de expresión en la voz del amado.

El caballo salió galopando del pueblo hacia la iglesia en la colina, luego aminoró el paso a un trote. Los árboles se veían oscuros y amenazantes justo antes del amanecer. Paula oyó voces que la llamaban. Reynaldo hizo caminar al caballo y luego lo detuvo. Todavía faltaba un poco para llegar a la iglesia. Paula bajó la mirada. Las cruces del camposanto relucían blancas en la luz de la luna. Dedos largos y blancos se le extendían desde trajes oscuros y polvosos. Vio caras tapadas de capuchas negras. Al principio Paula se emocionó al recibir el bienvenido tan entusiasta, pero la agarraron bruscamente, lastimándola, y la bajaron tirando del caballo.

Reynaldo se cayó del caballo. Paula miró que se le desprendió la calavera, reduciéndose a polvo que llevó el viento nocturno. Paula trató de alcanzarlo, pero los dedos largos y blancos de Reynaldo se rompieron cuando ella los agarró, deshaciéndose para caer al suelo. La ropa de Reynaldo se desintegró y desapareció tan rápido como sus huesos. Paula gritó cuando le clavaron las manos, cortando y desgarrándole la piel. La tumbaron en una fosa abierta. El silencio fue roto por sus gritos—: ¡Reynaldo, ayúdame! ¡Reynaldo! —El suelo se lanzó sobre ella y pronto no pudo ver la luna.

Cada domingo por la mañana el padre Rodríguez pasaba por el cementerio rumbo a la iglesia. Esta mañana notó un caballo fino que estaba parado por ahí con la cabeza bajada junto a una tumba recién cubierta. El suelo fresco no había sido pisoteado. El padre dedicó a la tumba anónima una oración en voz baja, un santigueo, y la promesa de no estorbarla. No oyó los gritos

screams for help buried deeply under the moist, fresh dirt.

The priest mounted the horse and rode to the church. The horse's saddle and trimmings confirmed the death of Reynaldo. His mother cried and tore at her hair. Her son's fine horse had returned home without him. Padre Rodriguez said a special mass for the missing man. Every morning when the padre passed the cemetery, he found the horse standing over the newly made grave. He did not probe into the matter, for he knew that to dig up a grave would be to unleash the evil which lay beneath it.

Paula's father and sister did not miss Paula. They knew she was in her room, grieving for the loss of her love. They were used to her absence and in their pain they lived each day as mechanically as they had the day before. Every now and then they would turn their heads and listen for Paula's song, "Web of life, weavers, weave your wool, bring my love back to me or let me die." Señor Ortiz had no desire to check Paula's bedroom; he was tired of painful wishing.

pidiendo socorro desde muy abajo del suelo nuevo y húmedo.

El padre montó el caballo y se encaminó hacia la iglesia. La montura y los arreos del caballo confirmaron la muerte de Reynaldo. Su madre lloró y se tiró del pelo. El buen caballo de su hijo había vuelto sin él. El padre Rodríguez dio una misa especial para el hombre desaparecido. Cada mañana al pasar por el cementerio, encontró al caballo junto a la nueva tumba. No sondeó en el asunto, ya que sabía que excavar una tumba dejaría suelto el malo que se quedaba enterrado allí abajo.

El padre y la hermana de Paula no la extrañaron. Sabían que estaba en su cuarto, llorando la pérdida de su amor. Estaban acostumbrados a su ausencia y en su dolor vivían cada día tan mecánicamente como el día anterior. De vez en cuando volvían la cabeza, atentos a la canción de Paula—: Telaraña de la vida, tejedoras, tejan su lana, devuélvanme mi amor o déjenme morir. —El señor Ortiz no tenía ganas de buscar en el cuarto de Paula; ya se había cansado de los deseos inútiles y dolorosos.

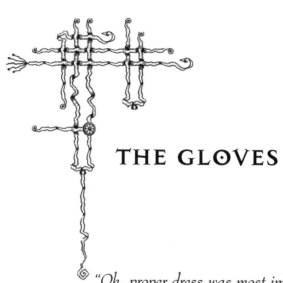

THE GLOVES

"Oh, proper dress was most important in my grandmother's day. Look here, I still have her gloves. Gloves and hat were a must for an upper-class lady." Juanita Calderon slipped her hand into her grandmother's embroidered glove. "Have you ever seen such decadence? This glove is white embroidered with white thread. No one can see the embroidery unless the glove is right up under your nose. Yet they put hours of tedious work into this fine pattern."

Juanita pushed her straggling brown bangs back from her eyes. "I am a waitress and have no use for such finery. My grandmother, ah, she would faint if she saw the way I dress today." She carefully placed the white glove with its mate in the heavy mahogany bureau by the bed. "This was her room. We keep it just the same as we did when she was alive. Her spirit is still with us, you know. Some nights I can hear her walking around in here. She is examining all of her clothes to be sure they are still here intact."

The thirty-year-old mother leaned against the wooden closet door. "In here are all her dresses and shoes. They were made in Spain or Cuba. She didn't like the seamstresses here in the United States. She thought they were sloppy and stupid." Juanita stepped over to

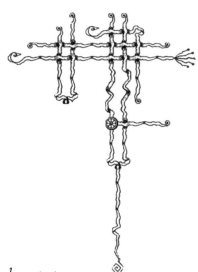

LOS GUANTES

—Oh, vestirse de una manera apropiada era lo más importante en la época de mi abuela. Mira, todavía tengo sus guantes. Los guantes y el sombrero eran obligatorios para una dama de la clase alta. —Juanita Calderón metió la mano en el guante bordado de su abuela. —Imagínate tal decadencia. Este guante es blanco bordado con hilo blanco. Nadie puede ver el bordado a menos que lo tenga justo bajo las narices. Sin embargo dedicaron horas de trabajo tedioso a este diseño bonito.

Juanita se quitó de los ojos los desordenados flequillos morenos—. Soy mesera y no necesito estas prendas tan finitas. Mi abuela, ay, se desmayaría si viera cómo me visto hoy día. —Con cuidado, metió el guante blanco junto con su par en la gran cómoda de nogal al lado de la cama—. Éste era su cuarto. Lo mantenemos igual a como era cuando ella vivía. Su espíritu está todavía con nosotros, ¿sabes? Algunas noches oigo que camina por aquí. Está revisando toda su ropa para asegurarse de que todo siga intacto aquí.

La madre de treinta años se apoyó en la puerta de madera del ropero. —Aquí se encuentran todos sus vestidos y zapatos. Fueron hechos en España o en Cuba. No confiaba en las costureras aquí en los Estados Unidos. Creía que eran descuidadas y tontas. Juanita se

the bed. She perched very carefully on the edge, not even wrinkling the embroidered quilt.

"My grandmother had a story which she told us many times over the winter. She said it had been passed down for generations in our family. It seems to be a kind of warning, based on something that happened a long time ago. Would you like to hear it? My children are young. They don't have the patience for stories; they prefer television. But if you would like to hear an old story told to me by an old woman, I would be glad to share it with you. It is about gloves, which she loved more than any other part of her apparel." Juanita patted the bed beside her. "Sit down here, for it is a long story."

Señora Esmeralda Orozco del Oro was a kind and gentle woman. Her beauty was reflected not only in her regal name but also in her manner. Ah, but wait, the story must start at the beginning.

Esmeralda Orozco was the daughter of a wealthy trader and his Spanish wife, from Seville, who was known to have royal blood. Esmeralda was raised with her brother Oswaldo in the fine, sophisticated town of San Antonio, Texas, in the early 1800s. Both brother and sister had sparkling green eyes, proper pale skin, and fine raven black hair.

Esmeralda's mother taught her the grace, dignity, and intelligence of women, and with this came the respect of men. She wore only the finest clothes available, sewn by seamstresses from Madrid, Spain. Her shoes were hand made of satin and silks. Her long, flowing, black hair was curled and placed neatly on her head

dirigió a la cama. Se sentó con mucho cuidado en el borde sin arrugar
siquiera la colcha bordada.

—Había una historia que mi abuela nos contaba muchas veces
durante el invierno. Decía que la habían pasado de generación a ge-
neración en nuestra familia. Parece ser un tipo de advertencia, basada
en algo que se aconteció hace mucho tiempo. ¿Quieres oírlo? Mis hijos
son jóvenes. No tienen paciencia para las historias; prefieren la tele.
Pero si te gustaría escuchar un cuento viejo que me contó una viejita,
me daría mucho gusto contártelo. Se trata de los guantes, que le
fascinaban más que cualquier otra prenda. —Juanita dio palmaditas
a la cama junto a ella—. Siéntate aquí, que es una larga historia.

La señora Esmeralda Orozco del Oro era una mujer bondadosa y amable. Su belleza se reflejaba no sólo en su nombre real
sino también en su manera de ser. Ah, pero espera, la historia
debe comenzar desde el principio.

Esmeralda Orozco era hija de un comerciante acaudalado y su
mujer española de Sevilla de quien se decía que tenía sangre real.
Esmeralda se crió con su hermano Oswaldo en el bueno y sofisti-
cado pueblo de San Antonio, Tejas, a principios del siglo 1800.
Tanto el hermano como la hermana tenía brillantes ojos verdes,
piel pálida como debía ser, y abundante pelo negro como el
azabache.

La madre de Esmeralda le enseñó la gracia, la dignidad y la
inteligencia de las mujeres, y ganó con esto el respeto de los hombres. Se vestía únicamente la ropa más fina que se pudiera conseguir, cosida por costureras de Madrid, España. Sus zapatos eran
hechos a mano de raso y de seda. Su largo pelo, negro y elegante,

with silver combs by a maid servant who was trained in the art of beautifying women.

Esmeralda grew into a fine woman as her younger brother Oswaldo rose to the rank of officer in the Spanish army. He could speak not only Spanish but French as well, for the French lived in the eastern half of the city. Oswaldo held his position in the army with great dignity and refused to drink with the men in public. He was a gentleman of handsome heart.

Esmeralda was courted by many worthy men and soon fell in love with General Diego del Oro. Four years older than Esmeralda, he had held the rank of general for two years. He had wealth, good looks, and a stern stare typical of the traditional upper-class Spanish men. They were married in the largest Catholic church in San Antonio, given a fine military hacienda to live in, and received many treasures from the community with which to set up their lives.

There was not a party or a gathering without Esmeralda and Diego. They were loved by all who met them and considered to be a model young married couple. For three months Esmeralda felt life was as close to Heaven as it could get. In the fall her brother Oswaldo came by often, bringing with him his newfound love Proferia, whose family was known to have brought together the wealth of the Spanish and the French. Her mother had been a duchess from France and her father had been a captain on one of the finest ships in the Spanish Navy. The wedding for Oswaldo and Proferia was planned for the spring. Esmeralda and her mother started sewing the groom's apparel.

Not a week after the engagement, General Diego came home from his military duty with a formal letter from the King. He did

se rizaba y se amontonaba en la cabeza con peinetas de plata por una criada adiestrada en los artes de embellecer a las mujeres.

Esmeralda llegó a ser una mujer fina y su hermano Oswaldo ascendió al nivel de oficial en el ejército español. Él hablaba no sólo español sino también francés, ya que los franceses vivían en el lado este de la ciudad. Oswaldo mantuvo su puesto en el ejército con gran dignidad y se negó a tomar con los hombres en público. Era un caballero de lindo corazón.

A Esmeralda le hicieron corte muchos hombres dignos y pronto se enamoró del general Diego del Oro, cuatro años mayor que ella. Hacía dos años que tenía el puesto de general. Era rico y atractivo, con la mirada sombría típica de los tradicionales hombres españoles de la clase alta. Se casaron en la iglesia católica más grande de San Antonio, fueron proveídos de una hacienda militar donde vivir, y recibieron muchos regalos de la comunidad para empezar su nueva vida.

No había ni fiesta ni reunión sin Esmeralda y Diego. Todos los querían y los consideraban la pareja ejemplar de jóvenes casados. Por tres meses Esmeralda sentía que la vida era igual al paraíso. En el otoño su hermano Oswaldo les visitaba a menudo, trayendo a Proferia, su nuevo amor, cuya familia había juntado la riqueza de los españoles y los franceses. Su madre fue duquesa de Francia y su padre un capitán en unos de los más renombrados navíos de la Armada española. La boda se planeaba para la primavera. Esmeralda y su madre comenzaron a coser la ropa del novio.

Apenas una semana después de la petición de mano, el general Diego volvió a casa de su servicio militar con una carta oficial del

not read it to Esmeralda but placed it in her lap as she looked up from her sewing. She held the rolled letter carefully in her delicate hand. Diego's face was dark with anger and disappointment.

Esmeralda put down her sewing needle and slowly unrolled the letter. The seal of Spain was at the top. The letter was a letter of transfer. General Diego del Oro was to be moved within four days to Havana, Cuba, to check the import of goods from Spain to the New World.

Esmeralda gasped. "We cannot leave. This is our home. My family, our lives, our friends are here." Her bright green eyes met her husband's dark mood.

"We have no choice. Unless of course you would choose to remain here?"

Esmeralda shook her head and whispered, "You are my husband, and where you go so shall I. We are one together for always." She straightened the silver combs in her hair. Diego knelt beside her and kissed her white hand.

Esmeralda did not leave the house the next day. She gathered up all of her finery and packed it carefully in the fine metal-enforced leather trunks with brass locks she had received for her wedding. The silk dresses trimmed with rich lace were placed neatly beside her taffeta slips. The dainty silk slippers she wore to parties were rolled in pillow cases and her personalized silver brush and comb set placed at the top of the trunk. Linen, china, glassware, and silverware were carefully rolled in the bed and bath linens. The spare room was stripped, the curtains closed, and with a song and a prayer she shut the doors.

Rey. No se la leyó a Esmeralda sino que se la puso en el regazo al levantarse ella la vista de su costura. Con cuidado, tomó la carta enrollada en su delicada mano. La cara de Diego se había puesto sombría de cólera y desilusión.

Esmeralda bajó la aguja de coser y lentamente desenrolló la carta. Tenía el sello de España en la parte de arriba. Era una carta de traslado. El general Diego del Oro sería trasladado dentro de cuatro días a la Habana, Cuba, para revisar la importación de bienes de España al Nuevo Mundo.

Esmeralda quedó boquiabierta—. No podemos salir. Éste es nuestro hogar. Mi familia, nuestras vidas, nuestros amigos están aquí. —Sus intensos ojos verdes enfrentaron al humor negro de su esposo.

—No tenemos alternativa. Claro, a menos que tú decidieras quedarte aquí.

Esmeralda se negó con la cabeza y dijo en voz baja—: Tú eres mi esposo, y por dondequiera que vayas, iré yo. Estamos unidos para siempre. —Enderezó las peinetas de plata en su pelo. Diego se arrodilló a su lado y le besó la mano blanca.

Al día siguiente, Esmeralda no salió de la casa. Juntó todas sus galas y las empacó con cuidado en los buenos baúles de cuero reforzado de metal con cerraduras de cobre que había recibido al casarse. Los vestidos de seda adornados con encaje precioso fueron colocados con esmero junto a las combinaciones de tafetán. Las delicadas zapatillas de seda que llevaba en las fiestas se enrollaron en fundas y su juego personal de cepillo y peineta de plata fue colocado en la parte superior del baúl. Enrolló con cuidado lino, china, cristalería y vajilla de plata en las sábanas y toallas. Quitó los muebles del cuarto de huéspedes, cerró las cortinas, y con emoción y buena voluntad, cerró las puertas.

The second day after the arrival of the letter, Esmeralda visited her mother and father. She explained to them her husband's duty and her duty to him as his wife. Her mother cried. Her father was silent, shaking his head. The third day the military of San Antonio gave them a farewell dinner. All of their friends were there with sad faces and many hugs.

The fourth day, Esmeralda and Diego del Oro boarded the stagecoach and left San Antonio, Texas, for a new life. Her family wore black for a month and her mother cried the tears of an angel who had lost her wings. Oswaldo wanted to cancel the wedding until his sister's return, but the families thought better of it and the wedding remained planned for the spring.

At first, Esmeralda wrote them a letter a day in her fine penmanship, telling them of the beauty of Havana. "The people here are friendly and kind," she wrote. "Diego is well respected and we make do with a small house on a hill overlooking the town. The maid speaks Castillian Spanish and we have become fast friends. Please give my love to my fine brother Oswaldo."

The letters gave the family hope. Esmeralda wrote that she would try to return in the spring for Oswaldo's wedding. But by December the letters became scarce. Little more than a paragraph long, they arrived only every other month.

There were no letters from Esmeralda in April. The wedding was to be in May. Oswaldo became melancholy as he waited for news from his beloved sister. None came. The wedding was planned and the wedding occurred. The church was filled with flowers. Finery from Old Spain had arrived in time to dress up the altar with the traditional luxuries. Oswaldo and Proferia were

Al segundo día de llegar la carta, Esmeralda visitó a sus padres. Les explicó el deber de su esposo y el de ella como su esposa. Su madre lloró. Su padre se quedó callado, meneando la cabeza. Al tercer día los militares de San Antonio les dieron una cena de despedida. Todos sus amigos estuvieron presentes, con caras tristes y muchos abrazos.

Al cuarto día, Esmeralda y Diego del Oro abordaron la diligencia y salieron de San Antonio, Tejas, para una vida nueva. Su familia se vistió de negro por un mes y su madre lloró como ángel que perdió las alas. Oswaldo quería aplazar la boda hasta el regreso de su hermana, pero las familias no estuvieron de acuerdo y seguían con los planes para la boda en la primavera.

Al principio, Esmeralda les escribió una carta diario en su elegante letra, describiéndoles la belleza de La Habana—. La gente aquí es amable y bondadosa —escribió—. Respetan mucho a Diego y nos conformamos con una casa pequeña en una colina con vista al pueblo. La criada habla castellano y nos hemos hecho buenas amigas. Mando mucho cariño a mi buen hermano Oswaldo.

Las cartas animaron a la familia. Esmeralda escribió que trataría de volver en la primavera para la boda de Oswaldo. Pero para diciembre las cartas se escaseaban. Limitadas a un párrafo de largo, llegaban apenas cada dos meses.

No hubo cartas de Esmeralda en abril. La boda era fechada para mayo. Oswaldo se puso melancólico mientras esperaba noticias de su querida hermana. No llegaron. La boda se planeó y luego se llevó a cabo. La iglesia estuvo llena de flores. Las galas de la Vieja España habían llegado a tiempo para decorar el altar con los adornos tradicionales. Oswaldo y Proferia se lucieron de

a sight to behold. The families ate, drank, danced, and every now and then glanced at the door, waiting for Esmeralda to enter.

Two days after Oswaldo's wedding, a huge trunk, sealed and locked, arrived at the home of Esmeralda's parents. A letter with the Spanish seal was glued to the top of it. It read: "Father, please keep this trunk safe for me. I love you and Mother. Be well, Esmeralda." Her father got the servants to carry it up to the attic.

Proferia and Oswaldo lived happily in her family's home. Proferia had been given the family's estate right after the wedding as her mother and father had been sent back to Cadiz, Spain. The estate, La Casa Luna, came with many servants, a garden of gardenias, and two stories of rooms with finery. Oswaldo served his country well in the military and soon Proferia gave birth to a beautiful, demanding daughter named Dolores, blessed with the family's sparkling green eyes.

On Dolores's first birthday another trunk arrived at the home of Esmeralda's parents. This one was also sealed and locked. The letter glued to the top contained no more than the first. "Father, please keep this in a safe place for me. Love to Mother, be well. Esmeralda."

The birth of Oswaldo's second daughter was a turning point in his life. Proferia died in labor and the newborn cried incessantly. Oswaldo named her Triste. His mother and father moved into La Casa Luna to help him raise his daughters. A sadness had entered Oswaldo as well, and his health was not good. His mother tended to the girls and he and his father took long walks together.

Each day Oswaldo grew more pale and bent. Soon the

maravilla. Las familias comieron, bebieron, bailaron y de vez en vez echaron una mirada a la puerta, esperando que entrara Esmeralda.

Dos días después de la boda de Oswaldo, un baúl enorme, sellado y cerrado con llave, llegó a la casa de los padres de Esmeralda. Una carta con sello español venía pegada en la tapa. Decía—: Papá, por favor guárdame seguro este baúl. Te quiero a ti y a mamá. Cuídense, Esmeralda. —Su padre mandó que los sirvientes lo subieran al desván.

Proferia y Oswaldo vivieron felices en la casa familiar de ella. A Proferia le habían dado la estancia justo después de la boda, ya que sus padres fueron ordenados a volver a Cádiz, España. La estancia, la Casa Luna, tenía muchos sirvientes, un jardín de gardenias, y dos pisos de cuartos con galas. Oswaldo sirvió bien su país en el militar y pronto Proferia dio a luz a una hija preciosa y exigente llamada Dolores, que había heredado los chispeantes ojos verdes de la familia.

El día del primer cumpleaños de Dolores, llegó otro baúl a la casa de los padres de Esmeralda. Éste también estaba sellado y bajo llave. La carta pegada a la tapa no contenía más que la primera—. Papá, por favor, guárdame esto en un lugar seguro. Mucho cariño a mamá, cuídense. Esmeralda.

El nacimiento de la segunda hija de Oswaldo fue un momento crucial en su vida. Proferia murió del parto y la recién nacida lloró sin cesar. Oswaldo le llamó Triste. Sus padres se mudaron a la Casa Luna para ayudarle a criar a sus hijas. La tristeza se había apoderado de Oswaldo también, y no tenía buena salud. Su madre cuidaba a las niñas y él y su padre hacían largas caminatas juntos.

Cada día Oswaldo se volvió más pálido, más doblado. Pronto

military let him go, for he could not stand out in the hot sun and bark orders at his men. His green eyes grew so weak that he did not recognize his own girls. Within a year he took to his bed. He would not eat nor sleep. He spoke constantly about his sister Esmeralda.

The letters sent to Esmeralda came back marked "Not at this address." Only occasionally a trunk would arrive and be hauled up to the attic. Nothing more. The silence of her absence grew on her brother, and when Triste was seven years old they laid the once handsome Oswaldo in his grave.

He had been buried two years when her letter came telling of her imminent return. This letter was long, written in her flowery hand, and sealed with red wax. "Mother, Father, and my dear brother Oswaldo, life here has not been kind to us. My General Diego died a year ago after a long battle with illness. I am readying myself to return to you within a month. Be well, you are loved. Esmeralda."

Esmeralda returned to the town she loved so well. The town had grown, people had left, friends were few who remembered her after such a long absence. Only her mother and father met her as she descended from the coach. Esmeralda's smile filled their hearts with joy.

On the ride to La Casa Luna she spoke of the gifts she had brought them and asked after her brother. Her intense green eyes studied their faces. She had been remiss in not sending them the address of her second home. She had believed they were all well and their life could not be anything but good. Her own life had been filled with troubles.

se despidió del militar porque ya no podía estar de pie al sol caliente para dar órdenes a sus subordinados. Sus ojos verdes se pusieron tan débiles que no reconocía a sus propias hijas. Dentro de un año se fue a la cama. Ni comía ni dormía. Habló constantemente de su hermana Esmeralda.

Las cartas que le mandaron a Esmeralda volvieron marcadas "Dirección inservible". Sólo muy de vez en cuando llegaba un baúl y lo subían al desván. Nada más. El silencio de su ausencia crecía para su hermano, y cuando Triste tenía siete años enterraron al antes atractivo Oswaldo.

Hacía dos años que estaba enterrado cuando llegó la carta que decía que Esmeralda volvería en cualquier momento. Esta carta era larga, escrita en su letra florida, y sellada con lacre rojo.

—Madre, padre, y mi querido hermano Oswaldo, la vida aquí no nos ha tratado bien. My general Diego murió hace un año tras una lucha larga contra la enfermedad. Me estoy preparando para volver a ustedes dentro de un mes. Cuídense. Los quiero. Esmeralda.

Esmeralda regresó al pueblo que tanto amaba. El pueblo había crecido, algunos habían salido, había pocos amigos que la recordaban después de una ausencia tan larga. Sólo su madre y su padre fueron a su encuentro al bajarse de la diligencia. La sonrisa de Esmeralda les llenó el corazón de alegría.

Rumbo a la Casa Luna habló de los regalos que les trajo y preguntó por su hermano. Sus intensos ojos verdes les miraron la cara. No hizo bien en no mandarles la dirección de su segunda casa. Había creído que todos continuaban bien y no se le ocurrió que su vida no fuera buena. En su propia vida tuvo muchos problemas.

The two nieces met her with open arms. Esmeralda was overjoyed to see the resemblance to her brother in both of them. She settled in her brother's old room and quickly made herself useful. Her mother needed much help for they no longer had the servants. Her father was very old and could not help chop wood or carry water. Esmeralda glowed with her love for them and the caring of the two girls.

Each morning Esmeralda taught her nieces the manners of fine women—the walk, the turn of the head, the dress, and the curtsy. They settled into a life of love and peace, which of course did not last.

The winter of Dolores' twelfth Christmas, both Esmeralda's parents contracted the dreaded pneumonia. The Christmas dinner was spent in mourning for their loss. Esmeralda tried to retain her love for Christmas and the warmth of giving, but the loss of her parents brought her tremendous grief. At least she had the two girls and La Casa Luna to keep them safe.

Dolores grew quickly into a fine young woman. Many a man wanted to have her for his wife. Dolores' flair for fancy clothes, her lilting walk, her coy laugh delighted their hearts. Gifts were given to Dolores, who in a haughty mood would fling them back into the hands of the giver.

Dolores and Triste did not notice their money slowly dwindling away, for the high class spirit of Esmeralda kept the two girls well dressed and in good manners and company. Dolores grew in her desire to be a wealthy, elegant woman while Triste kept her nose buried in books from the old country.

Esmeralda took apart and resewed her mother's fine clothes to fit the girls. Silks, taffeta, woven wools, and fine colored gloves

Las dos sobrinas la saludaron con los brazos abiertos.
Esmeralda se alegró al ver el parecido con su hermano en las dos.
Se estableció en el antiguo cuarto de su hermano y se dispuso a
ayudar enseguida. Su madre necesitaba mucha ayuda porque ya no
había sirvientes. Su padre era muy viejo y no podía ayudar a cortar
leña ni cargar agua. Esmeralda rebosaba del cariño que les tenía y
que le mostraban las dos niñas.

Cada mañana Esmeralda enseñaba a sus sobrinas los modales
de las finas damas: la manera de andar, la vuelta de la cabeza, el
traje, la reverencia. Se acostumbraron a una vida de cariño y paz,
que obviamente no duró mucho.

El invierno de la duodécima Navidad de Dolores, los dos
padres de Esmeralda cojieron la temida pulmonía. La cena
navideña la pasaron llorando su muerte. Esmeralda trató de mantener su amor a la Navidad y su placer en dar regalos, pero la pérdida de sus padres le causó un dolor tremendo. Al menos tenía a
las dos muchachas y la Casa Luna para abrigarlas.

Dolores muy pronto se convirtió en una linda joven. Muchos
hombres la querían para esposa. Su instinto para la ropa elegante,
su cadencia al caminar, su risita deleitaban sus corazones. Recibía
muchos regalos, que arrojaba altanera a las manos del donante.

Dolores y Triste no notaron que su dinero se les iba acabando
poco a poco, ya que el espíritu de clase alta que Esmeralda poseía
las mantenia bien vestidas y con buenos modales y compañía.
Dolores intensificó su deseo de ser una mujer elegante y rica
mientras Triste se quedaba con la nariz metida en los libros del
viejo mundo.

Esmeralda deshacía y volvía a coser la ropa elegante de su
madre para el uso de las muchachas. Sedas, tafetanes, lana tejida,

were remade to fit the girls as they attended social events. They were very fashionable and intelligent, popular with the young women, who wanted to be seen in their company, and the young men, who wished them for wives. Many a young man wanted to be the lord of La Casa Luna, the fine small mansion on the hill over-looking San Antonio.

Esmeralda grew in her age and her patience. She watched as Dolores would take clothes away from Triste to make herself look better. Triste let her sister take what she wanted and wore the clothes which were her favorites anyway. Esmeralda became more cautious of Dolores, who day after day wanted a new outfit, a fancier outfit, a finer outfit with gloves to match the color, material, and style of each dress.

Esmeralda sewed patiently, listening to Dolores' demands and remembering her brother's green eyes when she looked at his daughters. She soon grew too old to sew. Her green eyes saw only blurry objects, her hands were unsteady. Dolores took over as seam-stress. She had learned from watching her aunt take apart the old clothes and she resewed them with great style. She knew how to take a scarf and sew it to an old skirt, to attach accessories to some-thing she had worn before and give it a totally new appearance.

The gloves were another matter. They required great patience and no material could be wasted. They wore out quickly with the sewing and resewing. Dolores became obsessed with her gloves. No self-respecting upper-class woman would ever go out of the house without matching gloves. This was unconscionable.

y guantes finos de varios colores fueron hechos de nuevo para sentarles bien a las muchachas para cuando asistían a los eventos sociales. Muy de moda e inteligentes, eran populares con las jóvenes, que querían ser vistas en su compañía, y con los jóvenes, que querían casarse con ellas. Muchos jóvenes querían ser señor de la Casa Luna, la buena casona en la colina con vista a San Antonio.

Esmeralda adquirió años y paciencia. Miraba cómo Dolores le quitaba ropa a Triste para lucirse mejor. Triste dejaba que su hermana tomara lo que quería y usaba la ropa que prefería de todos modos. Esmeralda empezó a tener más cuidado con Dolores, quien día tras día quería un conjunto nuevo, un conjunto más elegante, un conjunto más fino con guantes que hicieran juego con el color, la tela y el estilo de cada vestido.

Esmeralda cosía paciente, escuchando las demandas de Dolores y recordando los ojos verdes de su hermano al mirar a sus hijas. Dentro de poco era demasiado vieja para coser. Sus ojos verdes divisaban sólo unos objetos indistintos y se le temblaban las manos. Dolores tomó su lugar como costurera. Había aprendido al mirar a su tía deshacer las ropas viejas, y ella las volvía a coser con gran estilo. Sabía coser una mascada a una falda vieja, añadir adornos a una prenda que había usado antes para darle así un aspecto completamente nuevo.

Los guantes eran distintos. Requerían de gran paciencia y no se debía perder nada de la tela. Se gastaban rápidamente al ser cosidos y recosidos. Dolores empezó a estar obsesionada con los guantes. Ninguna mujer respetable de la clase alta saldría nunca de la casa sin guantes que hicieran juego. Esto era una falta imperdonable.

The lovely, elderly Esmeralda soon took to her bed. Her thick black hair had turned white and thin, her fine soft white hands were wrinkled and spotted. Triste would bring her a tray of food for breakfast and dinner. She would sit at the foot of the bed and read to her or tell her of a book she had finished. Esmeralda listened to Triste and wondered what would ever become of her.

One day Triste asked her aunt if she had any books she could read. She had read all of the books in the house and was longing desperately for a new book. Esmeralda laughed her warm laugh, and opening the drawer beside the bed, she took out a set of keys. "Here, up in the attic is an old trunk—the big black one with a gold lock. Take this key and open it. You will find many books in there. I had them in Havana, Cuba, before you were born."

Triste took the key from her aunt as if it were a treasure. She quietly backed out of the room, bumping into her sister.

"Watch where you are going, you clumsy horse!" Dolores pushed her sister out of the way. "Aunt Esmeralda, I cannot get these gloves to work! The material is old and the sewing pulls through them faster than I can keep them together. What shall I do?"

Esmeralda took the gloves from Dolores. "The material is too old. There is nothing you can do with this. You will have to find other material which is close in color."

"No!" Dolores pounded her foot on the floor. "This is the last of the material and I cannot take any more off the dress or the dress will be too short!" She grabbed the gloves from her aunt's hands. "You must find us some more material! We live in La Casa Luna and I will not wear gloves which are shameful!"

Aunt Esmeralda shook her head. "Dolores, marry one of your

La linda y vieja Esmeralda se fue a la cama. Su abundante pelo negro se había vuelto blanco y fino, sus delicadas manos blancas eran arrugadas y manchadas. Triste le traía una bandeja de comida para el desayuno y la cena. Se quedaba sentada al pie de la cama para leerle o hablarle de un libro que acababa de leer. Esmeralda escuchaba a Triste y se preguntaba qué sería de ella.

Un día Triste le preguntó a su tía si tenía algunos libros que podría leer. Ya había leído todos los libros en la casa y ansiaba uno nuevo. Soltando una risa cálida, Esmeralda abrió la gaveta de la mesita junto a la cama y sacó un juego de llaves.

—Mira, arriba en el desván se encuentra un baúl viejo—el negro y grande con cerradura de oro. Toma esta llave y ábrelo. Adentro encontrarás muchos libros. Los tenía en La Habana, Cuba, antes de que nacieras.

Triste recibió la llave de su tía como si fuera un tesoro. En silencio, retrocedió del cuarto, para tropezar luego con su hermana.

—¡Fíjate en dónde caminas, idiota! —Dolores empujó a su hermana, apartándola de su camino—. Tía Esmeralda, ¡no puedo hacer nada con estos guantes! La tela es vieja y las puntadas siguen descosiéndose. ¿Qué debo hacer?

Esmeralda tomó los guantes—. Esta tela es demasiado gastada. No hay nada que se pueda hacer con esto. Tendrás que encontrar otra tela que tenga un color parecido.

—No! —Dolores pateó el suelo—. ¡Es el último pedazo de esta tela y no puedo quitarle más al vestido o resultará demasiado corto! —Arrancó los guantes de las manos de su tía—. Usted tiene que encontrarnos más tela. ¡Vivimos en la Casa Luna y yo no usaré guantes vergonzosos!

La tía Esmeralda meneó la cabeza—. Dolores, cásate con uno

suitors and you shall have all the material you need. They have money and prestige." Esmeralda pulled up a wisp of her hair and placed it under the silver comb. "Why don't you choose a suitor so your wardrobe will be new and complete?"

"Oh, Aunt, you don't understand. If I choose one suitor all the others will be very disappointed. It isn't as easy as you make it."

Dolores ran from the room only to bump into her sister in the hall. She yelled at Triste, "Why are you always in my way!"

Triste had dropped the books she was carrying and knelt down to gather them. Dolores could not get around her. Dolores stomped her foot. "Where did you get all these dusty old books?"

Triste grinned as she gathered the books in her arms. "Aunt Esmeralda has trunks in the attic. They are full of all kinds of things, clothes, candlesticks, books, and even jewelry. She gave me the key and I retrieved them." Triste gave her older sister a smug smile.

Dolores grabbed the key from Triste's fingers. "Give it here! I shall go and see for myself." Dolores stomped up the stairs to the attic. Triste set her books down and ran after her.

"You cannot take things without Aunt's permission! They are not yours!"

Dolores pushed open the creaky attic door. On the threshold, she turned and snapped at her sister. "What she doesn't know won't hurt her. What is ours is hers and what is hers is ours. Now leave me be!" Dolores shut the attic door in Triste's face. Triste stood there and listened.

Dolores kicked at each stubborn leather trunk which the key could not open. Finally, the key turned in the brass lock. She

de tus pretendientes y tendrás toda la tela que necesitas. Tienen dinero y prestigio. —Esmeralda recogió un mechón de cabello y lo metió abajo de la peineta de plata—. ¿Por qué no escoges a un novio para tener ropa nueva y perfecta?

—Oh, tía, no entiende. Si escojo a uno, todos los demás se sentirán muy decepcionados. No es tan fácil como usted dice.

Dolores se fue corriendo del cuarto para tropezar con su hermana en el pasillo. Le gritó—: ¿Por qué siempre te pones en medio?

Triste había dejado caer los libros que llevaba y se arrodilló para juntarlos. Dolores no pudo pasar. Dolores pateó—. ¿Dónde conseguiste todos esos libros viejos y polvosos?

Triste sonrió al recoger los libros en sus brazos—. La tía Esmeralda tiene baúles en el desván. Están llenos de todo tipo de cosa: ropa, candeleros, libros, hasta joyas. Me prestó la llave y los fui a recoger. —Triste le sonrió a su hermana con aire satisfecho.

Dolores arrancó la llave de los dedos de Triste—. ¡Dámela! Yo misma iré a ver. —Pateando, Dolores subió la escalera al desván. Triste dejó los libros y fue corriendo tras ella.

—¡No puedes tomar las cosas sin permiso de la tía! ¡No son tuyas!

Dolores abrió de un empujón la puerta chirriante del desván. En el umbral, se volvió y dijo con brusquedad a su hermana—: Lo que no sabe no le lastimará. Lo que es nuestro es suyo y lo que es suyo es nuestro. ¡Ya déjame! —Dolores dio a Triste con la puerta en las narices. Triste se quedó afuera para escuchar.

Dolores dio patadas a cada obstinado baúl de cuero que no se abrió al meterle la llave. Por fin, la llave dio la vuelta en la cerradura

flung the lid back, displaying its goods. There were layers of untouched expensive cloth. Dolores dug through the trunk like a dog searching for bones. She gathered up material, closed the trunk and locked it firmly.

Carefully, Dolores pulled open the attic door to confront her sister. Triste stared at the pile of cloth in her sister's hands. "That is not yours! You cannot take those, I shall tell!"

Dolores glared at her sister. "You tell and I shall burn all the books you have read plus all the books which are left in the attic. Don't forget I have the key now and you shall not get it back!"

Dolores shoved her sister aside and hurried down the stairs. She almost tripped over the books piled in the hall. Triste was right behind her. "I have to give her back the key. The key is hers. I have to give her back the key now!"

Dolores put the clothes on the bottom stair. She reached into the deep pocket of her smock and pulled out a key the same size as the trunk key. "Here, give her this. It is the key to my wardrobe which I never lock anymore. The lock is broken. Give her this key and be quiet about it or your books burn." Triste took the key from her sister's hand. Dolores pocketed the trunk key.

Aunt Esmeralda was pleased to have Dolores busy with her sewing and not complaining all the time. Triste would sit on the foot stool in her aunt's bedroom and read to her. Esmeralda thought life was very good until one night when Dolores came in to show her one of her creations.

Esmeralda could not see well, but her sense of touch was

de cobre. Arrojó para atrás la tapa, dejando a la vista los bienes que contenía. Se veían amontonadas piezas de costosa tela sin tocar. Dolores cavó en el baúl como un perro buscando huesos. Recogió unas telas, cerró el baúl y lo dejó bajo llave.

Con cuidado, abrió la puerta del desván para enfrentar a su hermana. Triste miró el montón de tela que tenía su hermana—. ¡Eso no es tuyo! ¡No puedes llevarte eso, voy a avisarle!

Dolores miró feroz a su hermana—. Si le avisas, quemaré todos los libros que ya has leído más todos los libros que quedan en el desván. No se te olvide que yo tengo la llave ahora y tú no la volverás a tener!

Dolores empujó a su hermana al pasar y bajó la escalera de prisa. Por poco y tropieza con los libros amontonados en el pasillo. Triste venía justo tras ella.

—Tengo que devolverle la llave. La llave es de ella. ¡Necesito devolvérsela ahora mismo!

Dolores dejó la ropa en el primer peldaño. Metió la mano en el bolsillo hondo de su bata y sacó una llave del mismo tamaño como la del baúl.

—Toma, dale ésta. Es la llave de mi armario que ya no cierro con llave. La cerradura está rota. Dale esta llave y no digas nada o quemaré tus libros. —Triste tomó la llave de la mano de su hermana. Dolores metió la llave del baúl en su bolsillo.

La tía Esmeralda se alegraba de que Dolores se ocupara de su costura en vez de estar quejándose todo el tiempo. Triste se sentaba en el taburete del cuarto de su tía para leer en voz alta. Esmeralda estaba contenta hasta la noche que entró Dolores para mostrarle una de sus creaciones.

Esmeralda ya no veía bien pero su sentido del tacto seguía

strong. When Dolores asked her to feel the fine material of her new dress, Esmeralda knew the material all too well. It was from the dress she wore the night she had landed in Cuba. She had worn the dress for twenty-eight hours and the material still smelled of salt water. Esmeralda asked Dolores where she found the cloth.

"Oh, Aunt, I traded it for some candlesticks of Mother's. Doesn't this feel grand? Feel how well I stitched the seams." Dolores was filled with radiant energy as she flaunted her work. She danced off to her party.

Triste came in with her dinner tray and sat at the foot of the bed ready to read.

"Triste, where did your sister get the material for her dress? Tell me the truth." Esmeralda's eyes welled up with tears.

Triste was quiet for a moment and then answered, "She found the material in an old box by the church. She took it and no one else claimed it. Now let me read you the next chapter."

Esmeralda waited until Triste was gone to pull open the drawer and reach for her keys. All three keys were there. The silver key, though, was round at the tip. Esmeralda listened at night. She heard the footsteps going up and down the attic stairs, the banging of the trunk's lid, and the opening and closing of the attic door.

Dolores soon ran out of the material from the one trunk. With her thick black curls, her powdered face, and darting sharp green eyes, she approached Triste as she read her book in the garden.

"Triste, dear, you are such a fine sister. Do you think you could do your favorite sister another favor?"

muy fino. Cuando Dolores le pidió que tocara la tela de su nuevo vestido, Esmeralda conocía la tela demasiado bien. Era del traje que llevaba la noche que desembarcó en Cuba. Había usado el traje por veintiocho horas y la tela todavía olía a agua marina. Esmeralda le preguntó a Dolores por dónde había encontrado le tela.

—Oh, tía, cambié unos candeleros de mi madre por ella. ¿No se siente de maravilla? Note qué bien cosé las costuras. —Dolores estaba llena de energía radiante al mostrar orgullosa su trabajo. Se fue emocionada a la fiesta.

Triste entró con la bandeja de la cena y se sentó al pie de la cama, lista para leer.

—Triste, ¿dónde consiguió Dolores la tela para su vestido? Dime la verdad. —Los ojos de Esmeralda se llenaron de lágrimas.

Triste se quedó callada por un momento y luego contestó. —Encontró la tela en una caja vieja cerca de la iglesia. La llevó y nadie más la reclamó. Ahora permita que le lea el próximo capítulo.

Esmeralda esperó a que se fuera Triste para abrir la gaveta y recoger sus llaves. Todas las tres llaves estaban. Pero la llave de plata tenía el extremo redondo. Por la noche Esmeralda escuchaba. Oyó los pasos que subieron y bajaron la escalera al desván, el golpe de la tapa del baúl, el abrir y cerrar de la puerta del desván.

En poco tiempo, se le acabó a Dolores la tela del primer baúl. Con sus abundantes rizos negros, su cara con polvos, y sus vivaces y penetrantes ojos verdes, se le acercó a Triste mientras leía en el jardín.

—Triste, querida, eres una hermana magnífica. ¿Tendrías la bondad de hacerle otro favor a tu hermana predilecta?

Triste ignored her.

"Triste, please. I will burn your books if you don't help me, please, dear sister of mine."

Triste looked up. Dolores had indeed burned two of her books once when Triste wouldn't help her with her corset. "What do you want, Dolores?"

Dolores sat down next to her sister. "I need you to get me another key to the trunks. The trunk we have the key for no longer has anything of use to me. I need new gloves and there are none in that old trunk. You need to get me another key."

Triste sank back into her book. She was not a thief and she had no interest in gloves. "No."

Dolores grabbed the book out of Triste's hand. "This book goes to the fire." Dolores ran into the house with the book held high over her head. Triste followed her and watched as Dolores began to rip off the cover. When the first page was half ripped Triste stood up to her sister.

"You cannot keep taking things which are not yours. This book is mine and those clothes are Aunt's. Why don't you get your own clothes and leave us alone!"

Triste grabbed the book from Dolores' hands. She raced up the stairs to her aunt's room. Esmeralda was fast asleep. Triste sat on the footstool between the bedroom door and the bedside table. When Dolores pushed open the bedroom door and saw her there, she scowled. She wagged her finger at her younger sister and then slammed the door with all her might.

Esmeralda woke with a start. "Triste, what are you doing?" Triste stroked her aunt's hand and said nothing. Nothing needed to be said. There was banging, screaming, hammering up in the

Triste no le hizo caso.

—Triste, por favor. Quemaré tus libros si no me ayudas, querida hermana mía, por favor.

Triste alzó la mirada. En efecto, Dolores ya había quemado dos libros suyos una vez al negarse Triste a ayudarle con su corsé.

—¿Qué quieres, Dolores?

Dolores se sentó junto a su hermana—. Necesito que me consigas otra llave para los baúles. El baúl del cual tenemos la llave ya no tiene nada que me sirva. Necesito nuevos guantes y no hay en ese viejo baúl. Tienes que conseguirme otra llave.

Triste se sumergió de nuevo en su libro. No era ladrona y no le interesaban los guantes—. No.

Dolores arrebató el libro de la mano de Triste—. ¡Al fuego con este libro! —Entró corriendo en la casa, sosteniendo el libro en alto sobre su cabeza. Triste la siguió y miró que Dolores empezaba a romper la portada. Al ver la primera página medio rota, Triste enfrentó a su hermana.

—No puedes seguir tomando las cosas que no te pertenecen. Este libro es mío y esta ropa es de la tía. ¿Por qué no consigues tu propia ropa y dejas de molestarnos?

Triste arrancó el libro de las manos de Dolores. Subió volando la escalera al cuarto de su tía. Esmeralda dormía profundamente. Triste se sentó en el taburete entre la puerta de la recámara y la mesita de noche. Al abrir la puerta, Dolores la vio allí y frunció el entrecejo. Señaló con el dedo a su hermana menor y luego cerró la puerta con toda su fuerza.

Esmeralda se despertó bruscamente—. Triste, ¿qué haces?

—Triste acarició la mano de su tía y no dijo nada. No era necesario. Se oían golpes, gritos, martillazos desde el desván.

attic. Esmeralda hid her head in her pillow, crying softly.

Evening came to La Casa Luna with Esmeralda quiet, lying still on the bed. Triste knelt on the floor with her hands holding her aunt's cold, thin arm. Loud stomping moved down the attic stairs. Dolores pushed open the bedroom door to confront her aunt.

"I want those keys and I want them right now!" She kicked the footstool across the room. "Gloves, I need gloves, I cannot go without gloves. I need nice gloves, not worn gloves. Triste, where are the keys?"

Dolores shoved her sister aside as she neared the bedside table. "What is the matter with our aunt?"

Triste sobbed into the bed sheets. "She is dead. You broke her heart. She heard you up in the attic. She cried herself to death! It is all your fault!" Triste ran from the room.

Dolores bent over her dead aunt. "Well, now the keys to the trunks are mine. Thank you!" Dolores pulled open the bedside table drawer and removed the keys on the ring. Racing up the stairs to the remaining two trunks, she tried one key, and the largest trunk opened. It was filled with men's clothing. She shrugged. "Must be Uncle Diego's things." She hurried to the next trunk.

It took her some time to get the last trunk open, for it had two old locks filled with dirt. Dolores did not give up. She needed those gloves right now, right away! She got the keys to unlock the locks, but they would not come free. With her dainty shoe she kicked at the locks. Finally she got the lid open enough to poke her fingers into the trunk.

Reaching for material, she pulled with her index finger and

Esmeralda escondió la cabeza en la almohada, llorando quedo.

Al atardecer en la Casa Luna, Esmeralda se encontraba quieta, sin mover, acostada en la cama. Triste estaba arrodillada en el piso, las manos sosteniendo el brazo flaco y frío de su tía. Un pataleo fuerte venía bajando la escalera. Dolores abrió de golpe la puerta de la recámara para enfrentar a su tía.

—¡Quiero aquellas llaves enseguida! —De una patada mandó el taburete al otro lado de la habitación—. ¡Guantes, necesito guantes! No puedo salir sin guantes. Necesito guantes buenos y no los gastados. Triste, ¿dónde están las llaves?

Dolores empujó a su hermana al pasar y se acercó a la mesita—. ¿Qué tiene nuestra tía?

Triste hundió la cara en las sábanas y se echó a llorar—. Está muerta. Le rompiste el corazón. Te oyó en el desván. Se lloró hasta morirse. ¡Todo es tu culpa! —Salió corriendo del cuarto.

Dolores se inclinó sobre su tía muerta—. Bueno, ahora las llaves para los baúles son mías. ¡Gracias! —Abrió la gaveta de la mesita y sacó el llavero. Subió de prisa la escalera, dirigiéndose a los dos baúles que quedaban; probó una llave, y se abrió el baúl más grande. Estaba lleno de ropa de hombre. Se encogió de hombros—. Deben ser las prendas del tío Diego. —Corrió al último baúl.

Tardó tiempo en abrirlo ya que tenía dos cerraduras llenas de polvo. Dolores no se dio por vencida. Necesitaba esos guantes enseguida, ¡ahora mismo! Logró que las llaves abrieran las cerraduras pero no se soltaron. Con su delicado zapato dio patadas a las cerraduras. Por fin pudo abrir la tapa lo suficiente para meter los dedos en el baúl.

Buscando tela, tiró con su índice y dedo del corazón. La tela

middle finger. The material came out only so far and then was stuck. Dolores cursed. Gathering up an old broken chair leg, she pried and pushed until finally the lid of the trunk snapped back.

"Oh, YES! Gloves, beautiful, beautiful gloves!" Dolores stood back with her hands reaching out to the trunk. There folded neatly were silk, lace, and ruffled matching gloves. She bent over slowly to gather up all the many pairs of gloves into her embrace. They appeared to draw back from her. She paused for a moment and then bent forward again.

As she reached to pick them up, the top pair of gloves filled out. Dolores froze. They were no longer flat. The gloves under the top pair grew as if stuffed. One by one the pairs of gloves filled with form. Dolores glanced up and noticed the attic now was dark except for the moonlight coming in through the one window.

It was late. Dolores smiled. "Come with me, gloves, we have quite a life to lead!" She lunged at the trunk. As she did so, the gloves came to life, grabbing her arms, her body, her face, her hair, her legs. In an instant, Dolores' neck was broken. The lid of the trunk fell closed, the magical locks clicked shut. All was quiet aside from the softly sobbing Triste down below.

Triste did not find her sister. She buried her aunt, the beautiful Esmeralda. Triste married a rancher and moved out of La Casa Luna. No one has lived there since. Many have complained about the smell, others about the crying sounds coming from the attic at night. Dolores has her gloves. Dolores has enough gloves to last her forever.

salió un poco y luego se atascó. Dolores maldijo. Con la pata rota de una vieja silla, empujó hasta abrir bruscamente la tapa del baúl.

—¡Ahora, sí! ¡Guantes, preciosos, primorosos guantes! —Dolores se quedó mirando, alargando las manos al baúl. Ahí doblados con cuidado se veían guantes de seda, de encaje, guantes adornados y emparejados. Se inclinó lentamente para recoger en sus brazos todos los pares de guantes. Parecían retrocederse de ella. Vaciló un momento para luego volver a inclinarse.

Al alargar las manos para recogerlos, los guantes de encima se hincharon. Dolores se quedó paralizada. Ya no parecían vacíos. Los guantes debajo de los primeros crecieron como si estuvieran rellenados. Uno por uno, los pares de guantes cobraron forma. Dolores alzó la mirada y notó que el desván estaba oscura ahora, con excepción de la luz de la luna que entraba por una de las ventanas.

Era tarde. Dolores sonrió—. Vengan conmigo, guantes, ¡que tenemos mucha vida en adelante! —Se lanzó al baúl. Al hacerlo, los guantes cobraron vida, asiéndose de sus brazos, su cuerpo, la cara, el pelo, las piernas. Al instante, Dolores tenía roto el cuello. La tapa del baúl se cayó cerrada, las cerraduras mágicas cerraron con un chasquido. Todo se quedaba en silencio menos Triste, a quien se oía llorar quedo allí abajo.

Triste no halló a su hermana. Enterró a su tía, la bella Esmeralda. Se casó con un ranchero y se mudó de la Casa Luna. Desde entonces nadie ha vivido allí. Muchos se han quejado del hedor, otros del llanto que se oye desde el desván por la noche. Dolores por fin tiene sus guantes. Tiene suficientes guantes para no acabarle nunca.

BLOOD HUNGRY

*There is no air of religiousness about Father Angelico Lujan.
He is not a big man. Though round and firm in his walk, he has a
mousey voice which does not carry well over a mumbling congregation.
But he is loved by all, for he has a tenderness about him. Father
Angelico is a great person to hug, to laugh with and share stories.*

*Father Angelico was hesitant about telling this story. "It is not in
my nature to talk about the evil ones or evil. I prefer to think of life as
a time of love. Love for God, love for community, and love for family.
If there is no love, there is no hope." A frown wrinkled his chubby
face. His high forehead glowed from the overhead light in the rectory.*

*"But it is true that there is great evil lurking everywhere. Even if
we never think an evil thought or wish an evil deed, evil is there, waiting to pounce." He lifted his short, stubby fingers and clasped his
hands. "Anyone, anywhere should be prepared for evil. It travels
faster than light and creeps silently in the night, ripe, hungry, eager
to steal life's loveliness."*

*Winter wind blew the heavy linen curtains against the far open
window. "See how the wind warns those who listen? The parish priest*

84

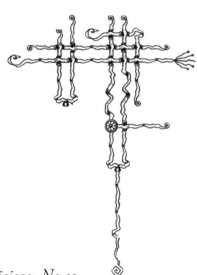

ÁVIDO DE SANGRE

El padre Angélico Lujan no tiene nada de religioso. No es
hombre grande. A pesar de tener el cuerpo redondo y de caminar con
pasos firmes, tiene vocecita tímida que no se oye bien por encima de
los feligreses refunfuñantes. Pero es muy querido de todos porque es
muy tierno. El padre es muy bueno para los abrazos y con él es un
placer reírse y compartir cuentos.

El padre Angélico vaciló antes de contarme esta historia—. No
me gusta hablar de los malos ni del mal. Prefiero considerar la vida
como un tiempo de amor. Amor a Dios, amor a la comunidad, amor
a la familia. Sin amor, no hay esperanza. —Frunció el entrecejo
regordete. Su frente se iluminaba por la luz de arriba de la parroquia.

—Sin embargo es verdad que hay mucho mal que está al acecho
por todas partes. Aunque nunca se tenga un pensamiento malo o se
desee un hecho malo, el mal sigue ahí, esperando su momento.
—Levantó los dedos cortos y gruesos y dio una palmada—. Cada
persona por dondequiera que esté debe estar preparada para el mal.
Viaja más veloz que la luz y se arrastra silencioso por la noche, listo,
hambriento, ansioso por robarse lo lindo de la vida.

El viento invernal sopló las pesadas cortinas de lino contra la
lejana ventana abierta—. ¿Te fijas cómo el viento previene a los que

educator at the mission school told me this story, which reminds me of the evil ones and how they find us. If you would like this story, I shall give it to you."

Father Angelico rubbed his double chin with the heel of his left hand. "We must say prayers when this story is done, for to speak ill of the dead is to bring them into our lives. Here, hold this cross. It will give me confidence to tell about those who have a love for blood. Pray that these spirits will never find you." He leaned over and repositioned the cross. "Hold it like so. This will protect your heart. God preserve us from evil."

Two sisters and a brother moved west for health reasons, or so they said. The neighbors were told of their arrival and had painted and cleaned the old Casa Blanca home in welcome. Carolina was the oldest at twenty-eight. She was petite in stature with a kind, delicate, pale face. Carlos was all of twenty-five years old. He stood six feet in riding boots, with long black hair pulled back in a leather thong. His quick wit and calm manner gave him an air of respect. The youngest of the three was Selina; she was just twenty-one years old. Quiet, shy, prudent, and very indecisive, she followed her older siblings with great loyalty.

Both of their parents had died from the cough. To help them recover after the funeral, a distant uncle had sent them to live in the town of Santa Teresa, New Mexico. The town was small, out on the open plains of the desert. Santa Teresa was a bleak place to live. The town itself had four stores, two cantinas, and one bank. The bank was known to be robbed after every auction which took place in El Paso del Norte, Texas. Knowing this, the local

escuchamos? El párroco docente de la escuela de la misión me contó esta historia, que me hace recordar los malos y cómo nos encuentran. Si quieres esta historia, te la daré.

El padre Angélico frotó la papada con el talón de la mano izquierda—. Debemos decir oraciones al terminar este cuento, ya que hablar mal de los muertos es como invitarlos a entrar en nuestra vida. Toma, ten esta cruz. Me dará la confianza de hablar de los que gozan de la sangre. Reza por que estos espíritus jamás te encuentren. —Se inclinó para cambiar la posición de la cruz—. Tenla así. Esto te protegerá el corazón. Que Dios nos guarde del mal.

Dos hermanas y un hermano se mudaron al oeste por razones de salud, o así decían. Los vecinos se enteraron de su llegada y pintaron y limpiaron la vieja Casa Blanca para darles la bienvenida. Carolina era la mayor a los veintiocho años. Era pequeña en estatura con la cara delicada, bondadosa y pálida. Carlos tenía veinticinco. Medía seis pies de altura en sus botas de montar y tenía pelo largo y negro retenido con una tira de cuero. Su sentido de humor y carácter tranquilo le conferían un aire de respeto. La menor de los tres era Selina; tenía sólo veintiún años. Callada, tímida, prudente y muy indecisa, seguía a sus hermanos mayores con gran lealtad.

Ambos padres suyos habían muerto de la toz. Para ayudarles a reponerse después del entierro, un tío lejano los había enviado a vivir en el pueblo de Santa Teresa, Nuevo México. El pueblo era pequeño, ubicado en los llanos abiertos del desierto. Santa Teresa era un lugar desolado. Tenía cuatro tiendas, dos cantinas y un banco. El banco solía ser asaltado después de cada subasta en El

population kept their money at home, safe in some well-hidden location. There were fourteen families who populated the area and all of them were farmers. The arrival of these prestigious three brought all fourteen families to the center of town to meet and greet them.

La Casa Blanca was far from town—too far to walk—but close enough to Fredrico Chavez's for a nice dinner and card game.

La Casa Blanca was a huge home. It had only one story, but held eight bedrooms, two halls, a cold basement to keep vegetables, and an attic for storage. The well was seventeen full steps from the kitchen door. The kitchen was located at the north end of the house, the bedrooms at the south, and in the middle was a huge sala which led into a living room.

The sala was the front entry hall where people would keep coats, boots, and outdoor weather gear. Directly outside the door of the sala was an unused corral, and beyond the corral, the family cemetery, overgrown with grass and weeds. The crosses were turned by the fast-moving, windy dirt which covered the desert land. Snakes, horned toads, and a few rabbits dwelled among the cemetery plots.

During the day the house was bright with the rows of windows which faced east and west. The rising sun lit the house with a glow of warmth and kindness. The setting sun filled the rooms with an ominous blood-red glow. Carolina's room looked out towards the rising sun, over the unused corral, and at times she could see the broken-down cemetery. Carlos' room faced the setting sun, but he

Paso del Norte, Tejas. Enterados de esto, los habitantes guardaban su dinero en casa, seguro en algún buen escondite. Había catorce familias que poblaron el área y todos eran granjeros. Por la llegada de estas tres personas prestigiosas, todas las catorce familias acudieron al centro para conocerlos y saludarlos.

La Casa Blanca se encontraba lejos del pueblo—demasiado lejos para caminar—pero suficientemente cerca de la casa de Federico Chávez para cenar y jugar a naipes.

La Casa Blanca era una casona grande. Había solamente un piso pero en este piso se encontraban ocho dormitorios, dos pasillos, un sótano frío para conservar verduras, y un desván para almacenar cosas. La noria estaba a diecisiete pasos de la puerta de la cocina. La cocina se ubicaba al extremo norte de la casa, los dormitorios al sur, y en medio se encontraba una sala enorme que conducía a un cuarto de estar.

La sala era la entrada principal donde se guardaban abrigos, botas y prendas para el exterior. Inmediatamente en frente de la puerta de la sala había un corral en desuso y más allá del corral, el cementerio familiar, invadido por mala hierba y zacate. El viento fuerte daba vueltas a las cruces y hacía volar la tierra suelta que cubría esta región desértica. Culebras, sapos y varios conejos vivían entre las tumbas.

Durante el día la casa estaba iluminada por la fila de ventanas que daban al este y al oeste. El sol naciente alumbraba la casa con un resplandor cálido y bondadoso. El sol poniente llenaba los cuartos con un inquietante resplandor rojo como la sangre. El dormitorio de Carolina miraba hacia el sol naciente, por encima del corral abandonado, y a veces ella miraba el cementerio deteriorado. De la habitación de Carlos se veía el sol poniente, pero Carlos,

rarely found time to spend in it except to sleep. Selina's room faced the northeast and was usually cold, but bright in the morning light. These three young people felt safe, secure, and comfortable in their new dwelling.

Life was good at La Casa Blanca. The three visited neighbors on foot. They loved to walk, sing, play cards, share stories of their lives and hear the lives of their neighbors. They were liked and found to be good company.

Stagecoaches came through Santa Teresa regularly, carrying goods to and from Mexico. Several times families met the stagecoach dressed in black to greet the return of a coffin. These brought more stories; few if any were true. The summer drifted into fall. The weather remained cool but not cold. Soon it was too windy to walk, and the spitting moisture from the sky kept the three indoors near the fire.

On one cold and blustery night there came a knock at the door. Fredrico Chavez asked to speak to Carlos. He was most solemn and serious in his wish to speak only to him. Fredrico told Carlos of a danger lurking. All of Fredrico's sheep and calves had been ripped open at the throat; he had found them bleeding to death that very morning. He explained that the women should not be told, for whatever the danger it was only attacking livestock, but it might be wise to lock all the windows just in case.

Carlos thanked Fredrico and showed him to the door. Carolina and Selina were curious about the visit. Carlos told them of the high winds and how it would be best to lock all the windows at night for now. Carlos laughed, telling them Fredrico was concerned that the women would be frightened by the banging windows and they must be sure to lock them securely when they went to bed.

muy ocupado en el día, entraba sólo para dormir. El cuarto de Selina daba al noreste y por lo general estaba frío pero brillante con la luz de la mañana. Estos tres jóvenes se sentían seguros y cómodos en su nueva casa.

La vida era buena en la Casa Blanca. Los tres visitaban a los vecinos a pie. Les gustaba caminar, cantar, jugar a naipes, contar historias de su vida y escuchar las historias personales de los vecinos. Todos los querían y los consideraban buena compañía.

Las diligencias pasaban por el pueblo a cada rato, cargando bienes entre Santa Teresa y México. Varias veces una familia esperaba la diligencia vestida de negro para recibir un ataúd. Con estos, venían más historias; pocas eran de verdad. El verano cambió en otoño. El tiempo seguía fresco pero no frío. Dentro de poco, hacía demasiado viento para caminar y la humedad del cielo los mantenía en casa cerca de la chimenea.

Una noche de frío y viento tocaron en la puerta. Federico Chávez pidió hablar con Carlos. Parecía muy solemne y serio en su deseo de hablar solamente con él. Federico le habló a Carlos de un peligro cercano. A todos los becerros y ovejas de Federico se les había desgarrado la garganta; los había encontrado sagrando hasta morir esa misma mañana. Explicó que era necesario no decírselo a las mujeres, ya que el peligro desconocido sólo atacaba al ganado, pero sería aconsejable cerrar todas las ventanas, por si acaso.

Carlos le agradeció a Federico y lo acompañó a la puerta. Carolina y Selina tenían curiosidad acerca de la visita. Carlos les habló de los vientos fuertes y dijo que por lo pronto sería mejor cerrar todas las ventanas de noche. Carlos se rio diciéndoles que Federico temía que las mujeres se asustaran por los golpes de las ventanas y que debían cerrarlas con cuidado al acostarse.

Carolina knew her brother was telling them a story, but to keep peace she went along with his plan. She locked the windows in the front of the house as her sister Selina locked the windows at the rear of the house. Carlos bolted the doors and banked the coals. They retired for the night after saying their evening prayers.

The wind blew and rattled the windows. Carolina sat up in her bed watching the candles burn low. She finally blew them out and stared out the window as the dirt pelted the pane. Slowly she gave in to sleep.

A knocking on the window woke her abruptly. She lifted up on one elbow. A man was knocking on her window. His face was white as snow, his black hat blew wildly in the wind, his white gloved hand hit the pane over and over again. Her soft brown eyes met his flat, black stare. She froze in a hypnotic trance.

The white gloved hand shattered and unhooked the window. The man in black, covered with a thick layer of dirt, entered her room. Her eyes were staring into his. Hovering silently, his form came to her bed. The gloved hands touched her hair like a lover. He gently placed her head back against the pillow, revealing her neck. His eyes closed, breaking the hypnotic trance.

Carlos heard his sister's scream first. He was out of his room and down the hall faster than the wind. Selina froze in the doorway, unsure. Carlos took her hand, leading her with him to Carolina's room. The door was bolted. They called out Carolina's name as they threw their bodies against her door. Finally the bolt

Carolina sabía que su hermano no les había dicho la verdad pero para mantener la paz se conformaba con su plan. Cerró las ventanas en la parte delantera de la casa mientras su hermana Selina cerró las ventanas de la parte trasera. Carlos cerró la puerta con tranca y amontonó las brasas. Se retiraron por la noche después de las oraciones.

Las ventanas golpeteaban con el viento. Carolina se incorporó en la cama mirando las velas que se acababan. Por fin las sopló y miró por la ventana mientras la tierra aporreaba el vidrio. Poco a poco se abandonó al sueño.

El toque en la ventana la despertó bruscamente. Se levantó en un codo. Un hombre tocaba en la ventana. Su cara era blanca como la nieve, su sombrero negro se agitaba ferozmente en el viento, su mano enguantada pegó la ventana repetidas veces. Los ojos morenos de ella enfrentaron su mirada negra y sin emoción. Se paralizó en un trance hipnótico.

La mano con guante blanco rompió y desenganchó la ventana. El hombre vestido de negro, cubierto de una capa gruesa de tierra, entró en su habitación. Los ojos de ella miraron los de él. Flotando en silencio, su forma se acercó a la cama. Las manos enguantadas le tocaron el pelo como un amante. Despacito, le apoyó la cabeza contra la almohada, revelando así el cuello de ella. Se cerró los ojos para romper el trance hipnótico.

Carlos era el primero en oír gritar a su hermana. Salió de su cuarto y recorrió el pasillo más veloz que el viento. Selina se quedó sin moverse en el umbral de su cuarto, incierta. Carlos le tomó de la mano y la guió a la habitación de Carolina. La puerta estaba cerrada con pestillo. Gritaron el nombre de su hermana mientras se lanzaron contra la puerta. Por fin cedió. Selina se

gave way. Selina fainted when she saw her sister's blood oozing onto the white linens of the bed.

The wind blew wildly through the room as Carlos lifted up Carolina's head. Blood flowed freely from her neck. On the right side of her neck, there were two puncture marks. Carolina's eyes were open. She was blinking and crying. Carlos hurried to the revived Selina. The two of them washed, cleaned, and bandaged Carolina's neck. Carlos carried her to the other bedroom.

He put on his heavy coat, took up his pistol, and in the dead of night with the hard wind pushing him forward, he walked to Fredrico Chavez's home. Fredrico was pacing in the living room when Carlos knocked on his door. Immediately Fredrico knew something was terribly wrong. They locked up the Chavez's home, leaving the two Chavez boys to stand guard, and they returned to La Casa Blanca.

Carolina tossed and turned in her delirium. The piercing eyes of the intruder haunted her. Fredrico took some medicinal herbs from his heavy coat pocket and told Selina to make tea for Carolina. He stayed with them through the night and by morning Carolina was better. The two men searched the perimeter of the property and found nothing. There were no footprints, no trace of a visitor. Fredrico recommended that the three of them return to the East Coast.

Carolina refused to leave. She wanted to find the man who had done this to her. Carlos was persistent, but Carolina would not leave. Her determination for revenge was strong. Carlos sent Selina back east on the morning stagecoach.

Every night Carolina walked the floor of the hall, waiting for

desmayó al ver rezumarse la sangre de su hermana sobre las sábanas blancas de la cama.

El viento sopló violentamente por el cuarto mientras Carlos alzó la cabeza de Carolina. La sangre salía libremente de su cuello. Al lado derecho de su cuello, había dos marcas de perforación. Carolina tenía los ojos abiertos. Parpadeaba y lloraba. Carlos se apresuró al lado de Selina, que ya habia vuelta en sí. Los dos lavaron, limpiaron y vendaron el cuello de Carolina. Carlos la llevó a la otra recámara.

Carlos se puso su grueso abrigo, tomó su pistola, y en medio de la noche, con el viento empujándole hacia adelante, caminó a la casa de Federico Chávez. Federico iba y venía por la sala de estar cuando Carlos tocó en su puerta. Federico sabía de inmediato que se trataba de un problema terrible. Cerraron la casa de los Chávez, dejando a los dos muchachos Chávez para hacer guardia, y volvieron a la Casa Blanca.

Delirando, Carolina daba vueltas en la cama. Los ojos penetrantes del intruso le obsesionaban. Federico sacó unas yerbas medicinales del bolsillo de su grueso abrigo y dijo a Selina que hiciera té para Carolina. Se quedó con ellos durante la noche y para la mañana, Carolina se sentía mejor. Los dos hombres revisaron el perímetro de la propiedad pero no encontraron nada. No había huellas, ningún indicio de una visita. Federico les recomendó que volvieran a la costa del este.

Carolina se negó a marcharse. Quería encontrar al hombre que le había hecho esto. Carlos persistía pero Carolina no quiso salir. Estaba decidida: quería vengarse. Carlos mandó a Selina al este por la diligencia de la mañana.

Cada noche Carolina iba y venía por el pasillo, esperando el

the visitor to return, waiting to tear his eyes out from their sockets. A foul mood entered into her being to warp her conversation. The winter wind battered the outer walls of the house with flying dirt from the desert land. Carolina shuddered. She could feel the intruder's hands pulling her hair back, his teeth entering into her neck, sucking her blood.

They decided to speak with the priest. The priest shook his head. The only people he knew were his parishioners. All of them had been coming to church for many years. There were no new living people, only new dead.

The priest served them hot cocoa.

"There are tales from other countries of people who suck the blood from others. In Seville, Spain, there was an epidemic of blood lovers. They came alive in the night to suck blood from newborn children. Another story in the south of France tells of a convent which was struck with a plague. This plague had the nuns sucking each other's blood until they finally became weak from recycled blood. Soldiers had to storm the convent and burn the nuns alive! There are many terrible stories of evil ones who come into our company.

"They have not come here, at least to my knowledge, but we have had many coffins arrive in Santa Teresa over the last three months. It may be wise for us to go and examine the new coffins in the daylight." The priest paused.

"There is a cemetery on your land which holds the family of your uncle. But since no one has been using it for some time, the church has used your cemetery to bury those who have no money or no remaining family. We shall start there first for there is a portion of the cemetery which is built up on the side of the

regreso del visitante, esperando la oportunidad de arrancarle los ojos. El mal humor se le apoderó para deformar su conversación. El viento invernal golpeaba los muros de la casa con la tierra voladora del suelo desértico. Carolina se estremeció. Le parecía sentir que las manos del intruso le tiraban el pelo hacia atrás, que sus dientes le penetraban en el cuello, chupándole la sangre.

Dicidieron hablar con el cura. El cura se negó con la cabeza. Las únicas personas que conocía eran parroquianos. Todos asistían a la iglesia desde hacía muchos años. No había nuevas personas vivas, solamente nuevos muertos.

El padre les sirvió chocolate caliente.

—Hay cuentos de otros países que hablan de gente que chupa la sangre a los otros. En Sevilla, España, hubo una plaga de los chupasangres. Se avivían por la noche para chupar la sangre de los recién nacidos. Otra historia del sur de Francia cuenta de un convento que padeció una plaga. Esta plaga causó que los monjas se chuparan la sangre hasta endebilitarse de la sangre reciclada. ¡Los soldados tuvieron que asaltar el convento y quemar vivas a las monjas! Hay muchas historias terribles sobre los malos que entran en nuestra compañía.

—No andan por aquí, por lo que yo sepa, pero nos han llegado muchos ataúdes en Santa Teresa en los últimos tres meses. Sería mejor para nosotros ir a examinar los nuevos ataúdes a la luz del día. —El padre hizo una pausa.

—Hay un camposanto en el terreno de ustedes donde está enterrada la familia de su tío. Pero ya que nadie lo había usado por mucho tiempo, la iglesia lo usa para enterrar a los que no tienen ni dinero ni familia. Vamos a empezar nuestra búsqueda allí porque hay una parte del cementerio que está construida por el lado del

arroyo. The dead are buried in layers there so the dirt will not blow away and reveal the coffins to the scavengers. I shall meet you at La Casa Blanca at midday."

The priest sighed. "You may not like what we find, but we shall look anyway. Wear a cross around your neck, and we shall gather firewood on our way. Be ready, for there is no time to waste."

Carolina held Carlos' hand as they fought the high winds home. She was the first to speak. "Carlos, my window faces the cemetery. Sometimes when the moon is full, I stand at my window watching the wind pelt against the white crosses. Do you think the visitor came from...."

Carlos interrupted her. "Carolina, don't let your imagination run away with you. This talk of blood lovers is just talk. There are no such creatures here, not in New Mexico. The priest was telling tall tales. Come on. We'll think of a plan." They continued home in silence.

That night, Carolina paced the hall floor. Carlos sat in thought by the fire. Finally he called to her, "Carolina, what if we put you back in your old room, leave the window open, and I hide under the bed with my pistol? Then we shall kill the man who does this, what do you think?"

Carolina did not answer, but she ran down the hall to her old bedroom. She pulled open the heavy curtains, flung open the window, and jumped on the bed. Hurriedly, Carlos grabbed his pistol, loaded it, and crawled under her bed.

Hours passed slowly. Carolina was losing patience. Carlos softly snored under the bed, his pistol still in his hand.

arroyo seco. Los muertos están enterrados allí en niveles distintos para que no se quite el suelo con el viento y así revelar los ataúdes a los animales salvajes. Los buscaré en la Casa Blanca al mediodía.

El padre suspiró—. Es posible que no les guste lo que vamos a encontrar, pero investigaremos de todos modos. Llévense una cruz por el cuello y vamos a recoger leña en el camino. Deben estar listos; no hay tiempo que perder.

Carolina le tenía la mano a Carlos mientras caminaban a casa luchando en contra de los vientos fuertes. Fue la primera en hablar—. Carlos, mi ventana da al cementerio. A veces, cuando la luna está llena, me quedo en la ventana mirando cómo el viento golpea las cruces blancas. ¿Crees que el visitante venía de...

Carlos la interrumpió—. Carolina, no des rienda suelta a tu imaginación. Estos cuentos de los chupasangres no son más que habladurías de la gente. No existen tales seres aquí, no en Nuevo México. El cura inventaba. Ven, vamos a hacer un plan.
—Siguieron rumbo a la casa en silencio.

Esa noche, Carolina iba y venía por el pasillo. Carlos se quedaba pensando cerca de la chimenea. Por fin le llamó—. Carolina, ¿que tal si te instalamos de nuevo en tu antigua habitación, dejamos abierta la ventana, y yo me escondo debajo de la cama con mi pistola? Entonces mataremos al hombre que hace esto, ¿qué te parece?

Carolina no contestó sino que fue corriendo por el pasillo hasta su antigua habitación. Tíro de las pesadas cortinas para abrirlas, abrió de golpe las ventanas, y saltó a la cama. De prisa, Carlos agarró su pistola, la cargó, y se metió debajo de su cama.

Las horas pasaron muy despacio. Carolina perdía la paciencia. Desde debajo de la cama, Carlos roncaba, pistola en la mano.

The white-gloved hand appeared first. Carolina held her breath. A man's pale face with wild, dirty black hair filled the open window. His eyes met hers and once again she was trapped in his hypnotic stare. He stepped quietly, effortlessly into the room. Carlos shuddered as his sleeping body felt the floor vibrate. Slowly he opened his eyes, watching the dirty torn black boots move towards the bed. His hand lifted the loaded pistol. Aiming directly at the right leg of the intruder, he fired. There was no cry of pain, only the soft whimper of a wounded animal. Within a blink of an eye, the intruder vanished.

Carolina hurried to the window, eyes searching for the wounded man. There was no one. Carlos joined her. There were no tracks on this still night, no blood, nothing but the darkness. Carlos and Carolina spent the night together in the living room stoking the fire, waiting for dawn.

At midday Carolina, Carlos, and the priest paced one behind the other to the family cemetery. Carlos had not told the priest of his attack on the intruder. Carolina gulped air as she walked, making a strange wheezing sound. The priest led them to the side of the arroyo. The embankment was sheltered from the hard-hitting winds.

The three of them knelt to excavate the loose sand. The corpses on the top layer were strewn every which way. Obviously they had been raided. The second layer was harder to get to, although there appeared to be a tunnel to the side of this layer. Skulls lay in a group while the main skeletons were not joined or connected, but pulled apart and awkward in their resting places.

The third layer took longer, until Carolina uncovered a tunnel

La mano enguantada de blanco apareció primero. Carolina contuvo la respiración. La cara pálida de un hombre con pelo negro desordenado y sucio llenó la ventana abierta. Sus ojos encontraron los de ella y de nuevo ella se sentía atrapada por su mirada hipnotizante. Se adelantó sin ruido, sin esfuerzo en el cuarto. Carlos, dormido, se estremeció al sentir que el piso vibraba. Lentamente, se abrió los ojos, mirando acercarse a la cama las botas negras rotas y sucias. Alzó la mano con la pistola cargada. Apuntando directamente a la pierna derecha del intruso, tiró. No hubo grito de dolor, sólo el gemido débil de un animal herido. En un parpadeo, desapareció el intruso.

Carolina corrió a la ventana, buscando al hombre herido. No había nadie. Carlos se juntó a ella. No había huellas en esta noche silenciosa, no había sangre, no había más que la oscuridad. Carlos y Carolina pasaron la noche juntos en el cuarto de estar, cuidando la lumbre, esperando el amanecer.

Al mediodía Carolina, Carlos y el cura caminaron uno tras otro al camposanto familiar. Carlos no le había mencionado al padre su ataque al intruso. Carolina tragaba aire al caminar, produciendo un extraño jadeo. El cura los condujo al lado del arroyo seco. La ladera era protegida del viento violento.

Los tres se arrodillaron para excavar la arena suelta. Los cadáveres en el nivel superior estaban desparramados por todos lados. Obviamente se los habían saqueado. Era más difícil alcanzar los del segundo nivel aunque parecía haber un túnel al lado de este nivel. Unas calaveras yacían en un grupo mientras los esqueletos mismos no estaban conectados ni juntados sino que yacían esparcidos y desgarbados en su última morada.

Tardaron más tiempo en llegar al tercer nivel, hasta que

to the side of the burial area. Fast hands ripped the tunnel open, reaching the third and lowest level.

The dirt fell away to reveal a single startled occupant. The face, which had retained its skin, looked alive and then, as if startled by the bright sunlight, froze. The black hair was filled with dirt. A leg with a fresh blood wound hung over the coffin. Carolina cried out. She touched the cold face with her bare hand. "Carlos, it's him! It's him! Look at his teeth!" She began to cry uncontrollably. Her body trembled. Carlos pulled Carolina back away from the corpse. "Yes, it is him. By the looks of him I would say he is quite dead."

The priest shoved his finger into the neck of the corpse. "He is dead for now, but when the sun sets, life may return to his body." Feeling for a pulse, the priest nodded. "This is a good place to build a fire. Let's do so promptly."

Carlos and the priest gathered up dried brushwood and set flame to it. They dragged the full coffin to the fire and let it burn, smoldering for most of the afternoon. The body burned quickly with the silk lining of the coffin. The air was filled with the smell of death.

Carolina huddled in the soft sand, rocking back and forth. Tears fell from her face as she mumbled quietly to herself. Her hand rubbed the bandaged wound on her neck. "He's dead! He's dead! My God, he's dead."

Carlos and the priest repeated Hail Mary's as the fire dwindled down to ash. There was nothing left but char on the desert sand.

The three returned to La Casa Blanca. Carlos helped Carolina

Carolina descubrió un túnel al lado del área de entierro. Con manos rápidas abrieron el túnel, alcanzando el tercero y más bajo nivel.

La tierra se desprendió para revelar un solo ocupante sobresaltado. Su cara, todavía cubierta de piel, parecía viva; luego, como si fuera sorprendida por la brillante luz del día, se heló. Su pelo estaba lleno de tierra. Una pierna con una herida nueva colgaba sobre el ataúd. Carolina gritó. Tocó la cara fría con su mano—. ¡Carlos, es él! ¡Es él! ¡Mira sus dientes! —Empezó a llorar desenfrenada. Se estremecía. Carlos la alejó del cadáver—. Sí, es él. Y parece bastante muerto.

El cura hundió el dedo en el cuello del cadáver—. Está muerto por ahora, pero al ponerse el sol, puede que la vida vuelva a su cuerpo. —Tratando de encontrarle el pulso, el padre afirmó con la cabeza—. Éste es buen lugar para hacer una fogata. Vamos a hacerla inmediatamente.

Carlos y el cura recogieron leña y le prendieron fuego. Arrastraron el ataúd lleno a la fogata y lo quemaron; ardía sin llama la mayor parte de la tarde. El cadáver se quemó rápidamente junto al forro de seda del ataúd. El aire se llenó del hedor de la muerte.

Carolina se acurrucó en la arena suave, meciéndose. Se le cayeron lágrimas mientras hablaba entre dientes. Con la mano, frotó la herida vendada que tenía en el cuello—. ¡Está muerto! ¡Está muerto! ¡Dios mío, está muerto!

Carlos y el padre repitieron los avemarías hasta que la fogata se quedó reducida a ceniza. Ya no había más que carbón en la arena del desierto.

Los tres regresaron a la Casa Blanca. Carlos le ayudó a

to the front door of the house. She kept turning around, watching the smoke on the horizon. Her hand grabbed the priest's coat. "He is dead, isn't he?"

The priest stroked her cheek. "Yes, he is dead and he will not ever come back. Not ever, my dear."

Carlos asked the priest to send a carriage for them in the morning. Brother and sister packed their belongings into three trunks and locked the house.

Today La Casa Blanca is only a solid stone foundation. Few people can find it or the corral. The cemetery has had years of desert dirt blown over it, but you can find it. The white crosses glitter in the high noon sun. Santa Teresa was a ghost town; now people have relocated there. Some of them you will meet in the daytime when the sun is shining. Others come out only at night.

Carolina a llegar a la puerta principal de la casa. Ella insistía en dar la vuelta para mirar el humo en el horizonte. Su mano asió el abrigo del cura—. Sí que está muerto, ¿verdad?

El cura le acarició la mejilla—. Sí, está muerto y ya no volverá. Jamás volverá, hija mía.

Carlos le pidió al cura que les mandara un coche por la mañana. Hermano y hermana empacaron sus posesiones en tres baúles y cerraron la casa.

Hoy día la Casa Blanca no es más que unos cimientos de piedra. Pocas personas logran encontrarlos o el corral. El camposanto está cubierto de la tierra del desierto traída por el viento por muchos años, pero es posible hallarlo. Las cruces blancas brillan en el sol del mediodía. Santa Teresa era un pueblo abandonado; ahora hay gente que ha vuelto a radicar allí. A algunos es posible conocerlos durante el día cuando brilla el sol. Pero hay otros que sólo salen de noche.

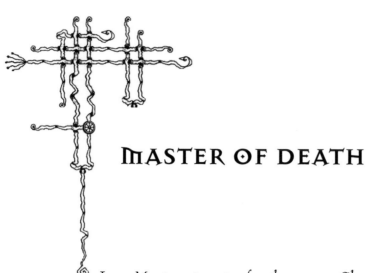

MASTER OF DEATH

Irene Montoya is not a fragile woman. She can cook dinner while suckling her six-month-old baby, brand cattle and do laundry all at the same time. Her manner some would call gruff. Yet she is incredibly feminine. Her long hair is wrapped around itself in a tight bun. She wears tight jeans, tailored work shirts, and cracked brown cowboy boots. Her natural skin reflects wrinkles from hot sun and hard work.

Irene does not mince words. If she has something to say, well, she comes right out and says it. Stories are her pastime, and telling stories to the other nine of her children while nursing the youngest, milking the cow and baking bread keep her mind occupied. "This story is as old as the hills. These here hills are flat, but once they were tall, as tall as the sky." She jerks her chin up towards the lazy passing clouds. "Now this here story is truth. Stories are always true stories. Don't you ever forget it!"

The town of Arivaca and Oro Blanco Ranch in Arizona have a connecting road. All the people who traveled this road in the

EL MAESTRO DE LA MUERTE

Irene Montoya no es una mujer frágil. Es capaz de cocinar
la cena mientras amamanta al bebé de seis meses, marca el ganado
con hierro candente, y lava la ropa, todo al mismo tiempo. Algunos la
describirían como brusca. Sin embargo es increíblemente feminina.
Tiene pelo largo enrollado en un moño elegante. Usa pantalones
vaqueros apretados, camisas bien cortadas y botas de vaquero ma-
rrones y agrietadas. Su piel, muy natural, manifiesta las arrugas
provenientes del sol caliente y del trabajo duro.

Irene no tiene pelos en la lengua. Si tiene algo que decir, pues, lo
dice sin rodeos. Las historias son su pasatiempo, y se divierte contan-
do cuentos a sus otros nueve hijos mientras amamanta al menor,
ordeña la vaca y hornea pan—. Este cuento es tan viejo como los ce-
rros. Estos cerros de aquí son planos, pero una vez eran altos, tan
altos como el cielo. —Alza la barbilla hacia las nubes perezosas que
pasan flotando—. Esta historia es verdadera. La historias siempre
son verdaderas. ¡No te lo olvides nunca!

Hay un camino que junta el pueblo de Arivaca y el Rancho
Oro Blanco en Arizona. Un año, todas las personas que viajaron

month of August one year were killed. The rumor in Arivaca was the people had been killed by a large snake. The ranchers believed the people had been killed by a large scorpion.

It happened that an old man with short white hair, a walking stick, tired, wrinkled hands, and kind face decided to walk down the forbidden road on September first. Being an elderly man, he sat down on a rock to rest. Suddenly, close beside him appeared a huge scorpion as big as a rooster and just as suddenly as he noticed, it turned into a large snake as wide as a full-grown hog and as long as a ten-mile train.

The man was wonderstruck by the creature. As it glided away through the dirt, he decided to follow it and find out just exactly what it was. The snake moved continuously through the night. The old man followed it as shadow follows a person at evening sun.

The huge snake came to a farmhouse. In the blink of an eye, it shrank down to the size of a person's little finger and disappeared under the front door and into the house. The man sat down outside thankful for the rest. He soon fell asleep under a large cottonwood tree. He was awakened just at dawn with screams of death coming from within the farmhouse.

The snake reappeared and again became as wide as a huge hog. Once again the old man followed behind the restless snake. Soon they came to a barn. A young man was inside milking a cow. The snake changed into a beautiful young woman. Approaching the young man, the creature woman beckoned to him with tears in its eyes. The young man quickly left the cow to greet her. No sooner did he reach for her welcoming hand when he was attacked and killed.

por este camino en el mes de agosto fueron matadas. En Arivaca se decía que los mató una serpiente grande. Los rancheros creían que los había matado un alacrán grande.

Sucedió que un viejo con pelo corto y blanco y con un bastón, manos cansadas y arrugadas y cara bondadosa, decidió caminar por el camino prohibido el primero de septiembre. Siendo viejo, se sentó a descansar en una piedra. De repente, a su lado, apareció un alacrán enorme—tan grande como un gallo—y justo al notarlo él, se transformó enseguida en una serpiente grande tan ancha como un puerco maduro y tan larga como un tren de diez millas de largo.

El hombre se quedó maravillado por la criatura. Mientras se iba deslizándose por el suelo, decidió seguirla para saber exactamente lo que era. La culebra se movía continuamente por la noche. El viejo la seguía como una sombra sigue a una persona bajo el sol del atardecer.

La serpiente enorme llegó a una granja. En un parpadeo se encogió al tamaño del meñique de una persona y desapareció debajo de la puerta principal, entrando en la casa. El hombre se sentó afuera, agradecido por la oportunidad de descansar. Dentro de poco, se durmió bajo un álamo grande. Fue despierto justo al amanecer por los gritos mortales que vinieron de la casa.

La culebra volvió a aparecer y de nuevo se puso tan ancha como un puerco gigante. De nuevo el viejo siguió a la culebra errante. Pronto llegaron a un granero. Adentro, un joven estaba ordeñando una vaca. La serpiente se transformó en una joven hermosa. Acercándose al joven, la mujer animal le hizo señas, sus ojos llenos de lágrimas. El joven se apresuró a dejar la vaca para saludarla. No bien alargó la mano para alcanzar la suya que fue atacado y muerto.

The snake continued on its way. Soon the elderly man began to tire and was thankful when the snake stopped at the road. He saw it become a small whining puppy. Two little boys came down the road, carrying a basket of bread and milk. They put down the basket and ran to the puppy, whistling and calling. One boy cornered the puppy beside a mesquite tree.

The boy lifted the puppy up into his arms and carried it to the other boy. The two of them patted the puppy and in an instant the puppy was once again a huge snake. It ripped the boys' necks open and left them dead in the middle of the road. The elderly man picked up the basket of food. It had been a long journey and he was no closer to finding his answer than the day before.

The snake stopped at the sound of horses' hooves on the road. As the man sat down behind an iron tree, he saw the snake change again into a woman about twenty-three years old, bent over and wringing her hands. Two men on horseback approached.

The first man pulled his horse to a stop. "Raul, what have we here?"

The second man jerked his horse around to keep from ramming his friend's horse in the rump. "Carlos, it appears to be a woman in distress."

Carlos pulled his horse to a stop ten feet from the whimpering young woman. "Miss, what is the matter? Why are you alone out here on the road?" He dismounted. Raul also pulled his horse to a halt and dismounted.

The woman shook her head. "Oh, sirs, my husband stopped at a farmhouse for some water and when he bent down into the well to retrieve the bucket he fell in and he has drowned. We have traveled such a long way and now I am a widow with no family to protect me. What shall I do?"

La culebra siguió adelante. Pronto el viejo empezó a cansarse y se alegró cuando la culebra se detuvo en el camino. Vio que la serpiente se transformó en un pequeño cachorro lloriqueante. Dos niños andaban por el camino llevando una canasta con pan y leche. Bajaron la canasta y corrieron al perrito, silbando y llamando. Un niño atrapó el cachorro junto a un mesquite.

El niño levantó el cachorro con un abrazo y lo llevó al otro niño. Los dos acariciaron el cachorro y al instante el pequeño animal se transformó de nuevo en una serpiente enorme. Abrió con los dientes los cuellos de los niños y los dejó muertos en medio del camino. El viejo tomó la canasta de comida. Había sido una jornada larga y todavía no sabía más que lo que sabía el día anterior.

La culebra se detuvo al oir el eco de cascos de caballo en el camino. Al sentarse detrás de un palo hierro, el hombre vio a la culebra transformarse otra vez en una mujer de más o menos veintitrés años, doblada y retorciéndose las manos. Llegaron dos hombres montados.

El primero detuvo el caballo—. Raúl, ¿qué tenemos aquí?

El segundo dio la vuelta a su caballo para no chocar con el lomo del caballo de su amigo—. Carlos, parece ser una mujer en apuros.

Carlos paró su caballo a diez pies de la joven llorosa—. Señorita, ¿qué tiene usted? ¿Por qué está sola aquí en el camino? —Se desmontó.

La mujer movió la cabeza—. Oh, señores, mi marido se detuvo en una granja para buscar agua y al inclinarse sobre el pozo a recoger el cubete se cayó y se ahogó. Habíamos venido de muy lejos y ahora soy viuda sin familia que me proteja. ¿Qué voy a hacer?

Carlos smiled at her. "Oh, beautiful woman, you shall marry me and you shall be well cared for at my home. I have been searching for the right woman and I feel you are her."

The woman slowly lifted her head and sighed. "Oh, would you let me stay with you and not do housework? I do not like to do housework at all!"

Carlos laughed, "Certainly! I have a maid and you shall not have to do any work. You shall have whatever pleases you."

The woman pulled a kerchief from her skirt pocket. "You would get me whatever I wanted?"

The man nodded, "Certainly. Whatever you wish for."

"Oh, I am so very thirsty after being on this road for such a long time. Could you get me some water to drink?" The woman gave Carlos a coy smile.

"Yes, I have water in my saddle bags. I shall just be a minute." Carlos returned to his horse, which had moved a distance away from the woman. The horses were restless and unsure of this woman creature. They were moving slowly back down the road from the direction they had come.

As Carlos reached his horse, Raul approached the woman. "Are you all right, do you need to rest?"

The woman lifted her head and winked at him. "I am fine, why don't you take me away and we can be lovers?"

Raul stepped back. "No, you are betrothed to my best friend. I would never do such a thing to him."

Carlos, as he approached, motioned Raul aside to hand the woman his canteen of fresh water. "Here you are, Miss, some water for you."

The woman took the canteen angrily. "Your friend here just

Carlos le sonrió—. Oh, hermosa, si se casa conmigo será bien protegida en mi casa. Ando buscando a la mujer indicada y siento que usted es.

Lentamente, la mujer alzó la cabeza y suspiró—. Oh, ¿me dejaría quedarme con usted y no hacer las tareas de la casa? No me gusta en absoluto hacerlas.

Se rio Carlos—. ¡Claro! Tengo una sirvienta y usted no tendrá que hacer nada. Y tendrá todo lo que se le antoje.

La mujer sacó un paño del bolsillo de su falda—. ¿Me daría lo que quisiera?

El hombre afirmó con la cabeza—. Claro. Lo que quisiera.

—Oh, tengo mucha sed después de estar caminando por tanto tiempo. ¿Me podría traer agua para beber? —La mujer sonrió coqueta a Carlos.

—Si, tengo agua en las alforjas. No tardaré. —Carlos regresó a su caballo, que se había alejado alguna distancia de la mujer. Los caballos estaban inquietos e inseguros frente a esta mujer animal. Regresaban lentamente por el camino por donde habían venido.

Al alcanzar su caballo Carlos, Raúl se acercó a la mujer—. ¿Usted está bien, necesita descansar?

La mujer alzó la cabeza y le guiñó un ojo—. Estoy bien. ¿Por qué no me lleva con usted para que seamos amantes?

Raúl retrocedió un paso—. No, usted es la prometida de mi mejor amigo. Yo nunca le haría semejante cosa.

Llegando, Carlos indicó con la mano que Raúl se apartara de la mujer, y le extendió su cantimplora de agua fresca—. Aquí tiene, señorita, el agua para usted.

Enojada, la mujer tomó la cantimplora—. Su amigo acaba de

asked me to fly away with him and be his lover. Some friend you have here!" She opened the canteen and took a long drink. Carlos drew his pistol, aiming it at Raul. Raul quickly retrieved his pocket pistol and within minutes they both lay dead at the feet of the woman. She was now back in the shape of a huge snake.

The old man waited for the snake to continue on its journey, but it turned and faced him. Again it changed form and stood before him as a mirror image of himself. An old man with short white hair, a crooked cane, wrinkled hands, and dusty clothes confronted him.

Our old man mustered his courage and put his hand out to stop his mirror image. "Who are you and what are you?"

The mirror image of himself spoke. "Some call me the Master of Death, because I bring death to the world."

"Then give me death, for I have followed you as silent as a shadow and I am weary."

The image replied, "Not so! I only give death to those whose years are full and completed. You have sixty years of life to come!"

Then the image of the man vanished. Our old man shrugged his shoulders and continued on his way to Arivaca. Who is to know if the snake was the Master of Death or the Devil himself?

pedirme que me fuera con él para ser su amante. ¡Vaya amigo que tiene! —Abrió la cantimplora y tomó una bebida larga. Carlos sacó su pistola, apuntándola a Raúl. Rápidamente Raúl sacó la suya y dentro de poco los dos yacían muertos a los pies de la mujer. Para ahora, ésta ya se había cambiado otra vez a la forma de la serpiente enorme.

El viejo esperaba a que la culebra emprendara de nuevo el camino, pero giró para darle la cara. Se transformó de nuevo y se presentaba ante él como el reflejo exacto del hombre mismo: un viejo con pelo blanco y corto, bastón torcido, manos arrugadas, y ropa polvosa le hacía frente.

Nuestro viejo se armó de valor y alargó la mano para detener a su reflejo—. ¿Quién es usted y qué es?

Su reflejo habló—. Algunos me llaman El Maestro de la Muerte porque traigo la muerte al mundo.

—Pues, deme a mí la muerte, porque lo he seguido silencioso como una sombra y estoy cansado.

Replicó el reflejo—: A usted no. Sólo doy la muerte a los cuya vida se ha acabado. Usted tiene sesenta años más de vida por venir.

Entonces desvaneció el reflejo del hombre. Nuestro viejo se encogió de hombros y siguió su camino a Arivaca. ¿Quién sabría si la culebra fuera El Maestro de la Muerte o el Diablo mismo?

CASINO NIGHT

These two stories were told by those who are mentioned. They are true, as Irene would say. The events happened within the last three months. One occurred right after the other. They are for you to believe or not.

Emelda dealt the cards. Blackjack was the game. This was her third night at the table as dealer. "Luck of the family," her father had said. Emelda loved the casino. It was her dream to spend every night of her life there. Of course dealing cards was not what she had in mind. Betting, gambling were in her blood, but she had lost too much and had to get a job. What luck! She got a job at the casino to pay off her debts, and once she figured out the game, maybe she could get into a winning streak.

The casino was not as full as on a weekend night, but for a Tuesday night with a full moon there were plenty of people to keep her dealing constantly. The other tables had one or two customers. Emelda was lucky all right, for when someone won they usually left her a tip.

The night dragged on with the dealing becoming rather tedious. Emelda started glancing at the door for someone she

116

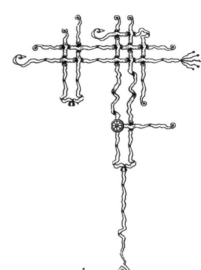

NOCHE DE CASINO

Estas dos historias las contaron las que se mencionan abajo. Son verdaderas, como diría Irene. Los eventos sucedieron en los últimos tres meses. Uno ocurrió justo después del otro. Puedes creerlas o no.

Emelda repartió las cartas. Veintiuna era el juego. Ésta era su tercera noche en la mesa como repartidora. "La suerte familiar" había dicho su padre. A Emelda le encantaba el casino. Soñaba con pasar cada noche de su vida allí. Obviamente no como repartidora de las cartas. Llevaba el jugar, el apostar en la sangre, pero había perdido demasiado y se vio obligada a trabajar. ¡Qué suerte! Consiguió empleo en el casino para pagar sus deudas, y una vez que comprendiera el juego, quizá podría ganar mucho.

El casino no estaba tan lleno como en una noche de fin de semana, pero para una noche de martes con luna llena había bastante gente para que repartiera cartas constantemente. En las otras mesas había uno o dos clientes. Emelda tenía suerte de verdad: al ganar, solían dejarle una propina.

La noche se ponía larga, el repartido se ponía aburrido. Emelda empezó a echar miradas a la puerta, esperando que

knew to come in and play a hand. People came and people went, but no one she was familiar with in town.

Emelda stared as a tall man with black leather pants all the way down to the floor entered. He had on a dark felt hat pulled down over his face. It was night, the middle of the night. Some people will do anything not to be recognized at a casino. Emelda smiled to herself. The man wore a black leather jacket to match the pants and a dark grey lace shirt under it. She thought about how warm he would be in here with the overhead heater blowers going full blast.

Emelda studied her customers. They were intent on winning. She knew the feeling. A young woman perhaps two years younger than herself was betting all the money she had on this one black-jack game. She looked desperate.

Emelda looked back to the black leather man. An older woman who was betting at roulette turned to speak to him. He seemed to be telling her a secret. Emelda shook her head. He was already hitting on women. Some people had no taste at all. The man did not bet but walked away from the older woman. Emelda dealt her cards. The young woman at her table stared at the face down cards as if she were saying a prayer.

The man in black leather wandered over to the blackjack table. Emelda eyed him suspiciously. He was certainly too old for this young woman. The cards remained face down on the table as the young woman turned to the man. She leaned forward and the man whispered in her ear. Emelda bent forward to hear what the man was telling her.

"Do not go to church on Sunday; they will only take your money and leave you without a soul. Come here and win your

entrara algún conocido para jugar una partida. Gente entraba y salía pero ninguno de los conocidos del pueblo.

Emelda miró entrar a un hombre alto con pantalones de cuero negro que le llegaban hasta el piso. Llevaba un sombrero de felpa oscura sobre la cara. Era de noche, el medio de la noche. Hay personas que harán lo que sea para que no se las reconozcan en un casino. Emelda sonrio para sí. El hombre usaba chaqueta de cuero negro que hacía juego con los pantalones y una camisa de encaje gris oscuro bajo la chaqueta. Pensaba en qué tanto calor tendría aquí adentro donde había ventiladores de la calefacción prendidos a toda fuerza.

Emelda observó a sus clientes. Estaban absortos en ganar. Ella los entendía. Una mujer quizás dos años menor que ella apostaba todo su dinero en esta partida de veintiuna. Parecía desesperada.

Emelda volvió a mirar al hombre de cuero negro. Una mujer mayor que apostaba a ruleta volteó para hablar con él. El hombre parecía decirle un secreto. Emelda movió la cabeza. Ya trataba de ligarse. ¡Qué falta de educación! El hombre no apostó sino que se alejó de la mujer. Emelda repartió las cartas. La joven en su mesa miró el dorso de las cartas como si rezara.

El hombre de cuero negro se dirigió a la mesa de veintiuna. Emelda lo miró sospechosa. Era muy viejo para la joven. La cartas seguían boca abajo en la mesa; la joven se volvió hacia el hombre. Se inclinó y él le susurró en el oído. Emelda se inclinó para oír lo que el hombre le decía a la joven.

—No vayas a la iglesia el domingo; sólo te quitarán el dinero y te dejarán sin alma. Ven aquí para ganar el dinero para tus

money for your car insurance, your rent, and help for your parents. Remember this and luck will follow you always."

Emelda got goose bumps. She felt a tightening in her stomach and her heart began to race. She felt faint. She felt like crying. The black leather man walked away from them with a smile on his face. Emelda choked back her tears and waited for the young woman to pick up her cards. The young woman tossed her long brown hair away from her shoulder. "How did he know I have car insurance to pay, rent which is past due, and two sick parents? What a strange man!"

She tossed the cards with a flourish onto the green felt. Twenty one! The ace of spades and the king of hearts stared up at Emelda's concerned face. She gave the chips to the young woman. The young woman bet again. Emelda dealt the cards. The ace of spades and the king of hearts glared up at her again. Four times Emelda dealt the cards and each of the four times the same cards turned their faces towards her. Emelda felt ill. Her head felt hot, her stomach ached, and her knees were buckling.

The young woman took the chips and wanted to deal again. Emelda grabbed the side of the blackjack table for support. She noticed the older woman at the roulette table being led away by the guard. The roulette table was being closed.

Emelda found enough strength to call to Sam, the guard. He came over to her and she pointed to the cards face up on the table. "Watch this." Emelda dealt the cards and again the same cards revealed themselves. The guard closed the table and told the young woman to cash in and go home.

Gasping for air, Emelda explained to Sam about the man in the black leather clothes who had come inside and spoken to the

seguros de coche, tu alquiler y ayuda para tus padres. Recuerda esto y la suerte te seguirá para siempre.

Emeldo tuvo escalofríos. Sentía que el estómago se le apretaba y el corazón le empezaba a correr. Se sentía débil. Tenía ganas de llorar. El hombre de cuero negro se alejó con una sonrisa. Emelda reprimió las lágrimas y esperó a que la joven recogiera sus cartas. La joven quitó su pelo largo y moreno de su hombro—. ¿Cómo sabía él que tengo que pagar los seguros de coche y la renta atrasada y que tengo los dos padres enfermos? ¡Qué hombre más raro!

Tiró las cartas con un gesto triunfal a la felpa verde. ¡Veintiuna! El as de picos y el rey de corazones miraban hacia la cara preocupada de Emelda. Dio las fichas a la joven. La joven volvió a apostar. Emelda repartió las cartas. El as de picos y el rey de corazones la miraban otra vez. Cuatro veces Emelda repartió las cartas y cada vez las mismas cartas le volvieron la cara. Emelda se sentía enferma. Tenía la cabeza caliente, se le dolía el estómago y se le temblaban las rodillas.

La joven tomó las fichas y quería jugar de nuevo. Emelda se apoyó aferrándose al borde de la mesa de veintiuna. Notó que el guardia llevaba a la mujer mayor de la mesa de ruleta. La mesa de ruleta se cerraba.

Emelda encontró la fuerza suficiente para llamar a Sam, el guardia. Llegó él y ella señaló las cartas cara arriba en la mesa—. Mira esto. —Emelda repartió las cartas y las mismas cartas volvieron a aparecer. El guardia cerró la mesa y le dijo a la joven que cobrara y regresara a casa.

Emelda le explicó a Sam con voz entrecortada lo del hombre de cuero negro que entró y habló con las dos mujeres. Sam llamó

two women. Sam called another guard and they followed the stranger to the bingo room. Seeing them coming towards him, the man turned and walked straight out the front door into the unpaved parking lot.

Sam and the other guard followed him. In the sand they saw a pair of cloven hoof prints which went on for about six feet and then disappeared. On their way back to the casino, they found Emelda kneeling on the ground praying.

Emelda tells this story as she lies in her hospital bed, which is right next to Lorena's. Both women are recovering from nervous breakdowns.

With a pale face and shaking hands, Lorena tells of her night. She was the bingo card dealer at the pueblo casino north of town.

"I was quietly minding my own business, handing out the cards. You know the cards with the letters and numbers on them? It was not an unusual night. There were many people there, some of whom I had known as regulars.

"A tall man entered the room and took a card from me. The minute his hand touched the card, I knew something was terribly wrong. I had never seen him before. He was handsome, dark. I noticed that his black leather pants had no wrinkles, which I thought was strange, for my leather pants wrinkle as soon as I sit down in them. His black leather jacket was smooth, too, without a mark on it, as if just made. His broad-brimmed hat had no dust—very weird in New Mexico.

"He sat down at the table I was closest to and pulled a black marker from his jacket pocket. He listened to the caller, and when he didn't win, he threw down the marker, tossed the card on the floor and walked to the front entrance. There he completely

a otro guardia y juntos siguieron al forastero al salón de bingo. Al verlos acercarse, el hombre giró y salió de la puerta principal al estacionamiento sin pavimentar.

Sam y el otro guardia lo siguieron. En la arena vieron huellas de pezuña hendida que continuaban adelante por aproximadamente seis pies para luego desaparecer. De regreso al casino, encontraron a Emelda arrodillada en el suelo rezando.

Emelda cuenta esta historia desde su cama en el hospital, la cual se encuentra al lado de la cama de Lorena. Las dos sufrieron un ataque de nervios.

Con cara pálida y manos temblorosas, Lorena cuenta de su noche. Era la repartidora de tarjetas de bingo en el casino del pueblo al norte de la ciudad—. Hacía lo mío, repartiendo tarjetas. ¿Conoces las tarjetas con letras y números? No era una noche especial. Había mucha gente allí, algunos que yo conocía como clientes habituales.

—Un hombre alto entró en el salón y me tomó una tarjeta. El momento que su mano tocó la tarjeta, yo sabía que iba a pasar algo muy mal. No lo había visto antes. Era atractivo, moreno. Noté que no había arrugas en sus pantalones de cuero negro, lo cual me parecío raro, ya que mis pantalones de cuero se arrugan el momento que me siento en ellos. Su chaqueta de cuero negro estaba sin arruga también, sin mancha alguna, como si acabara de hacerse. Y no había polvo en su sombrero de ala ancha—muy raro en Nuevo México.

Se sentó en la mesa más cercana a mí y sacó un marcador negro del bolsillo de su chaqueta. Escuchó al llamador, y al no ganar, tiró el marcador, botó la tarjeta en el piso y caminó a la entrada principal. Allí desapareció por completo y en su lugar

disappeared, and in his place suddenly was a huge swarm of bees. The bees moved into the bingo room and everyone was running around screaming and crying to get away from them.

"The caller was bitten the worst of anyone. She was covered with bites from head to toe. They crawled into her dress and hair and bit her with a vengeance. I hid under the table. After a while the guards got the fire extinguishers and started spraying them all around the room. Children were still crying.

"Then in the entryway the bees all massed together and the shape of the man in the black leather clothes reappeared and walked out of the casino into the night. The guards raced after him, but all they found were cloven prints pressed into the pavement of the parking lot.

"Look at me, I haven't stopped shaking and crying since it happened. My mother thinks I'm possessed by the Devil and my brothers think I am crazy. But I saw it just as clearly as I am seeing you now." Lorena curled up in a fetal position and cried softly.

había de repente un enjambre enorme de abejas. Las abejas entraron en el salón de bingo y todos corrían gritando y llorando, tratando de escaparlas.

—Picaron a la llamadora más que a nadie. Resultó cubierta de picaduras desde la cabeza hasta los pies. Entraron en su vestido y pelo y le picaron ferozmente. Me escondí debajo de la mesa. Al rato los guardias trajeron los extintores de incendios y empezaron a pulverizar por el salón. Los niños seguían llorando.

—Entonces, todas las abejas se juntaron en la entrada y luego reapareció la forma del hombre vestido de cuero negro, la cual salió del casino para entrar en la noche. Los guardias corrieron tras él, pero no encontraron más que huellas de pezuñas hendidas grabadas en el pavimiento del estacionamiento.

—Mírame, no he dejado de temblar ni llorar desde que esto ocurrió. Mi madre cree que estoy poseída por el demonio y mis hermanos piensan que estoy loca. Pero lo vi tan claro como te estoy viendo ahora. —Lorena se acurrucó en posición fetal y lloró quedo.

THE LOVER'S MASK

Josefita Galdos is half-Italian and half-Spanish. She has a family crest over her front doorway in Trinidad, Colorado. Most of her family moved to Pueblo, Colorado, in 1957. She lives alone with her Magical Seer Plaque under the family crest.

"Magic is everywhere. All you have to do is look. It is there and there and over there. Many people are blind: they don't see or they choose not to believe." Josefita chuckles, "But you cannot hide from it. It always finds you, especially when you are desperate."

Tarot cards were placed on the white tablecloth covering her seer table. "Here, this will tell me which story to give to you. Do you believe in magic?" She flipped the cards silently one after another. "Here, ah, this is a good story. Magic is strong in this story. It holds a lesson for you to learn."

East of Trinidad and south of Springfield, Colorado, is the small town of Campo. In the late 1800's there was a settlement of Spanish farmers there. Maria Jesus Jose del Armijo was a widow who had traveled the great distance from Oklahoma City to find her land. She had come with her husband, a fine upstanding man

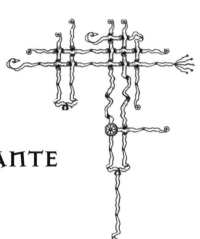

LA MÁSCARA DEL AMANTE

Josefita Galdos es mitad italiana y mitad española. Tiene el escudo de la familia arriba de su puerta en Trinidad, Colorado. La mayoría de su familia se mudó a Pueblo, Colorado, en 1957. Vive sola, con una placa que dice "Adivina Mágica" bajo el escudo familiar.

—La magia se encuentra por todos lados. Sólo necesitas abrir los ojos. Está por aquí y por ahí y por allá. Mucha gente es ciega: o no la ve o no quiere creer en ella. —Josefita se ríe—. Pero no puedes esconderte de ella. Siempre te halla, sobre todo cuando estás desesperado.

Colocó los naipes del tarot sobre el mantel blanco que cubría su mesa de adivina—. Mira, esto me ayudará a saber cúal de las historias debo darte. ¿Crees en la magia? —Miró las cartas una tras otra en silencio—. Mira, ah, ésta es una buena historia. La magia es fuerte en esta historia. Contiene una lección para ti.

Al este de Trinidad y al sur de Springfield, Colorado, se encuentra el pueblito de Campo. En los últimos años del siglo diecinueve había un poblado del granjeros españoles allí. María Jesús José del Armijo era una viuda que había viajado la gran distancia de Oklahoma City para buscar su terreno. Vino con su

with hard-working hands and a firm smile. He had died from the fever just forty miles south of Campo.

Maria Armijo buried her husband with a prayer and moved on with the wagons to the land outside of Campo. She was strong, young, and eager to find her new home. Certainly she would find a new husband who could work the land with her. There were many men in the wagon train and many were available.

The land was good. It rained rarely and the snow was a welcome sight. After two years of hard work and planning, the community decided to have a Christmas party. Everyone would have an excuse to dress up for this gala event, a costume ball.

This was exceptionally good for Maria. She had her heart set on marrying a fine man by the name of Xavier Augusto, who had come out to her farm to assist her with the plowing. He was a kind man, a little gruff at times, known for his fights with the gypsies, who had wandered in this last fall. Maria admired his strong character and could use his strong muscles working the land. After several visits she had noticed a very fine glow about him. This glow she knew was for her and her alone.

Costume balls need fancy dresses, and Maria had just the outfit in one of her dusty trunks. Her finest dress flattered her figure, and after a good washing, sun drying and starching, it doubled her beauty. She piled her hair on her head, put old pearls around her neck, and slipped on her dancing shoes spit-polished to a shine. The sun was soon to go down. She saddled up her old mule to trot to the Spanish gypsies' tent to get a mask.

marido, un hombre respetable con manos hábiles y sonrisa decidida. Él había muerto de una fiebre a apenas cuarenta millas al sur de Campo.

María Armijo enterró a su esposo con una oración y siguió el camino con los carros hasta el terreno en las afueras de Campo. Seguramente hallaría a un nuevo marido para trabajar la tierra con ella. Había muchos hombres en la caravana y muchos estaban disponibles.

La tierra era buena. Llovía poco y la nieve era bienvenida porque permitía que descansara la tierra. Después de dos años de mucho trabajar y planear, la comunidad decidió tener una fiesta navideña. Todos tendrían pretexto para vestirse elegante para este evento especial, un baile de disfraces.

Esto le convenía mucho a María. Quería casarse con un buen hombre llamado Xavier Augusto que había ido a su granja para ayudarle a arar los campos. Era hombre bondadoso, algo brusco a veces, conocido por sus peleas con los gitanos, que habían llegado vagabundeando el otoño anterior. María admiraba su carácter fuerte y necesitaba sus músculos fuertes para trabajar la tierra. Después de varias visitas, notó en él un calor especial. Sabía que este calor se destinaba a ella sola.

Los bailes de disfraces requieren trajes de gala, y María tenía el traje perfecto en uno de sus baúles polvosos. Su traje mejor hacía lucir su figura, y después de lavarlo bien, secarlo al sol y almidonarlo, lucía dos veces más bella al ponérselo. Se amontonó el pelo en la cabeza, se adornó el cuello con perlas antiguas, y se puso las zapatillas de baile, pulidas hasta brillar. El sol estaba al punto de ponerse. Ensilló su vieja mula para trotar a la tienda de campaña de los gitanos en busca de una máscara.

Maria arrived at the Spanish gypsies' tent just as the door flap was pulled down. The grandmother gypsy gave her a toothless smile and told her that all of the masks had been rented out and there were none left. Maria was not one to be told no. She approached the old woman.

"I know you have more masks than the whole community could rent. Let me into your tent to see what you have."

The gypsy tried to stop her, but Maria had already pushed through the tent flap. Masks welcomed her from the kerosene-lit tent. On the far wall was a magnificent mask of an owl. It had a grin and wings attached to the sides. "Oh, I will take that one!"

"No!" The grandmother gypsy threw her thin body between Maria and the mask. "You cannot have this mask. It is cursed with the demons of the Gorgon!"

Maria looked at her coldly. "What difference does that make? It's here, why shouldn't I wear it?"

Rattling came from deep within the throat of the old woman. "Do you know the island of Crete? If you knew what Medusa can do, you would not even dare to set your eyes upon this mask! Her magic is strong...and evil." She waved a long bony finger in Maria's face. Rings were layered on the finger, sparkling multicolored lights throughout the tent.

Maria was exasperated. She needed a mask. Here was a mask she liked. "I will pay whatever you want if I can have this mask!"

The gypsy clicked her tongue. "You will have to pay me more

María llegó a la tienda de los gitanos españoles justo al momento en el cual se bajó la lona de la entrada. La gitana abuela le saludó con una sonrisa desdentada y le dijo que ya se habían rentado todas las máscaras y no quedaba ninguna. María no solía aceptar un "no". Se le acercó a la vieja.

—Sé que usted tiene máscaras de sobra para toda la comunidad. Permítame entrar en su tienda para ver lo que tiene.

La gitana trató de detenerla, pero María ya había apartado la puerta de lona para entrar. Máscaras le saludaban de la tienda alumbrada de quinqués. En la otra pared había una máscara magnífica de una lechuza. Tenía una sonrisa y alas fijadas a los dos lados.

—Oh, ¡me llevaré aquella!

—¡No! —La gitana abuela interpuso su cuerpo flaco entre María y la máscara.

—No puede llevar esta máscara. ¡Está hechizada con los demonios de la Gorgona!

María la miró fríamente—. ¿Y qué? Está aquí, ¿por qué no puedo usarla?

Un estertor amenazante sonó desde muy hondo en la garganta de la vieja—. ¿Conoce la isla de Creta? Si supiera lo que puede hacer la Medusa, no se atrevería ni a mirar esta máscara. Su magia es fuerte…y malévola. —Agitó un dedo largo y huesudo en la cara de María. Había varios niveles de anillos en el dedo, relucientes lucecitas de muchos colores que se reflejaban por la tienda.

María se desesperaba. Necesitaba una máscara. Aquí había una máscara que le gustaba—. ¡Pagaré lo que usted diga si puedo llevarme esta máscara!

La gitana chasqueó la lengua—. Me tendrá que pagar más que

than you have for this one. This mask will make you pay with your life if you wear it. I cannot be responsible for what happens to you."

Maria shook her head. "The dance is tonight and I need a mask to dance with Xavier. Please let me take this mask! I will pay you five silver coins for it. I must have this one!" Her voice was insistent, desperate.

"Xavier Augusto is your dancing partner?" The gypsy woman stepped aside. "If you have the five silver coins, give them to me now. I shall not lend you this mask unless you pay for it first!"

Maria opened her string purse and put five silver pieces into the old woman's wrinkled hand. The tent door flap shook as Maria raced through it, mounted her mule, and rode off to the church for the Christmas ball. She did not hear the gypsy grand-mother mumbling a prayer.

Everyone was at the ball. The church was crowded with beau-tiful costumes and colorful masks. Maria stood at the door searching for Xavier. She picked him out immediately. She knew his walk, his hands, and his laugh, but she was unsure about ask-ing him to dance.

Turning away from the lit church, she quietly slipped on her mask. The mask conformed to her face like a second skin. The tightness around her eyes caused a throbbing, but her confidence soared. Her body felt more beautiful than ever. She felt strong, powerful.

Marching through the mass of people, she confronted Xavier. She gripped his arm tightly, trying to lead him to the dance floor. His face grimaced in pain from her grasp. He pulled away. "I do not know who you are, but I am engaged to be married. I won't

lo que tiene por ésta. Esta máscara le costará la vida si la usa. No puedo ser responsable por lo que le pasa.

María se negó con la cabeza—. El baile es esta noche y necesito una máscara para bailar con Xavier. Por favor, déjeme llevar ésta. Le pagaré cinco monedas de plata por ella. Es preciso que lleve ésta! —Su voz era insistente, desesperada.

—¿Conque Xavier Augusto es su pareja de baile? —La gitana se quitó del camino—. Si usted tiene las cinco monedas de plata, démelas ahora mismo. No le presto esta máscara sin que la pague primero.

María abrió su bolsa de cuerda y depositó cinco monedas de plata en la mano arrugada de la vieja. Pasó rápido por la puerta de la tienda, haciendo que se temblara, montó su mula, y cabalgó a la iglesia para el baile navideño. No oyó que la gitana abuela mascullaba una oración.

Todo el mundo estaba presente en el baile. La iglesia estaba llena de disfraces bonitos y máscaras de muchos colores. María se quedó en la puerta buscando a Xavier. Lo reconoció inmediatamente. Conocía su modo de caminar, sus manos, y su risa, pero le faltaba la confianza para invitarle a bailar.

Volviéndose de la iglesia iluminada, se puso la máscara en silencio. La máscara se conformaba a la cara como una segunda piel. La estrechez cerca de los ojos le dio punzadas, pero su confianza emprendió vuelo. Sentía que su cuerpo era más bonito que nunca. Se sentía fuerte, poderosa.

Caminando resuelta por la muchedumbre, enfrentó a Xavier. Le agarró fuerte el brazo, tratando de conducirlo a la pista de baile. Hizo una mueca de dolor y se apartó bruscamente de ella—. No sé quién sea usted pero estoy prometido. Me niego a bailar con

dance with anyone other than my intended here." He nudged his thumb to the woman at his right.

The mask tightened around Maria's face. Her blood surged red hot through her veins. Without a thought, her hands went for Xavier's neck. Not knowing what controlled her, she turned her wrists to leave Xavier dead on the dance floor. People around her cried out. Maria snarled at them. They stepped back from her in fear, and she fled the church. The mask grew tighter as she hurriedly mounted her mule.

Along the road home she couldn't stand the pressure on her face. She jumped off the back of the mule, ran to the side of the road and desperately tried to rip off the mask. It wouldn't let go of her face! Her fingers ripped the feathers free, but the base of the mask adhered to her skin. She groaned in frustration. Finally, with both hands, fingernails deep within the mask, Maria ripped it from her skin. Blood dripped from her cheeks and chin, but she didn't care. She buried it in the wet snow. "There, good riddance!"

The mule had cantered off home. She walked on through the snow. Her shoes were wet through, her hair tousled and messy, her face ached. From time to time, she would reach down and pack the wet snow on her bloodied cheeks. As she turned past the trees to her home she was met with an angry mob of townspeople. They had gone to the gypsy tent and the grandmother had told them who had the mask. Maria felt her body become hot and angry. She pushed them aside with a strength she did not know she had. She threw open the door of her one-room farmhouse and slammed it behind her. "Idiots! What do they want with me!"

Lighting the kerosene lamp, she stared out of the single

nadie excepto mi novia. —Señaló con el pulgar a la mujer a su lado derecho.

La máscara apretaba más la cara de María. La sangre se le hirvió por las venas. Sin pensar, sus manos atacaron el cuello de Xavier. Sin entender la fuerza que la dominaba, torció las muñecas para dejar muerto a Xavier en la pista de baile. La gente a su alrededor empezó a gritar. María les gruñó feroz. Se alejaron aterrorizados, y ella huyó de la iglesia. Sentía que la máscara se apretaba más al montar de prisa su mula.

En camino hacia su casa no aguantó la presión en su cara. Saltó del lomo de la mula, corrió al lado del camino y trató desesperada a arrancarse la máscara. ¡No era posible quitársela de la cara! Con los dedos arrancó las plumas pero la base de la máscara le adhería a la piel. Gimió frustrada. Finalmente, con las dos manos, las uñas clavadas en la máscara, María la arrancó de su cara. Le caía sangre de las mejillas y la barbilla pero no le importaba. La enterró en la nieve húmeda—. ¡Ya! ¡Qué alivio!

La mula había ido a medio galope hacia la casa. Ella emprendió el camino por la nieve. Tenía los zapatos empapados, el pelo despeinado y le dolía la cara. De vez en cuando se agachó para recoger la nieve mojada y ponérsela en las mejillas sangrientas. Al doblar por los árboles cerca de su casa, la enfrentó una turba enojada de gente de la comunidad. Había ido a la tienda de la gitana donde la abuela les había dicho quién tenía la máscara. María se sintió acalorada y enfadada. Los apartó del camino con una fuerza que no sabía que tenía. Abrió con violencia la puerta de su casa para luego cerrarla con un golpe. —¡Idiotas! ¿Qué quieren conmigo?

Al encender el quinqué miró por la única ventana de su

window of her simple home. "Ahhh!" She saw her own reflection in the window glass.

Her face had taken on the shape of the mask. Instead of her soft cheeks, she saw feathers. Instead of lively brown eyes, what she saw looking back at her were deep green eyes like an owl's. She screamed and lost consciousness.

The law was swift; within two days Maria Jesus Jose del Armijo was hanged. People say her face was grotesque until the life went out of her, and then in that instant her face changed back into the face of the woman they once knew. The grandmother gypsy did not go to the hanging.

Sometimes it is wise to listen to one's elders.

humilde casa—. ¡Ahh! —Vio su propio reflejo en el cristal.

Su cara había tomado la forma de la máscara. En lugar de sus mejillas suaves, vio plumas. En vez de sus vivos ojos morenos, le devolvían la mirada los hondos ojos verdes de una lechuza. Gritó y perdió el conocimiento.

La ley procedió rápidamente; dentro de dos días ahorcaron a María Jesús José del Armijo. Dicen que su cara se veía grotesca hasta que se le acabó la vida y que a ese instante su cara se cambió de nuevo en la cara de la mujer que habían conocido antes. La gitana abuela no asistió a la horca.

A veces es aconsejable hacer caso a los mayores.

NIGHT HAG

Fresh tea and hot biscuits can bring out the best of stories. In a nursing home north of Santa Fe, a ninety-three-year-old great-grand-mother laughed when asked for a story. "I only know the truth. Stories are for children, to teach them lessons. Truth is what adults share to gain knowledge." Eagerly, she reached out a wrinkled hand to pick up a hot biscuit. "I used to make these. Oh, how I love fresh pastry." Her toothless gums gnawed carefully at the biscuit as butter dripped down her sagging chin.

"I can tell you my story. But you must never use my name or people will think I am crazy." The tea came steaming from the pot. "Oh, it is a sad life I have had, but one you shall never forget." Politely, with a shaking hand, she took the teacup. "Here, sit, be comfortable, for this story is my story and I wouldn't want you to miss a word. No, you should not miss a single word."

"It was in Satanta, Kansas, where we tried to settle. But the grass was too covered in the winter with snow. We moved west." The old woman's eyes closed as if remembering each step she had

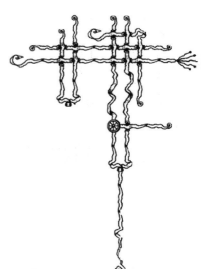

LA BRUJA DE NOCHE

El té fresco y bollos calientes pueden ocasionar las mejores historias. En un asilo de ancianos al norte de Santa Fe, una bisabuela de noventa y tres años se rio cuando le pedí un cuento.

—Sólo sé la verdad. Los cuentos son para los niños, para darles una lección. La verdad es lo que se platican los adultos para aumentar los conocimientos. —Ávidamente, alargó una mano arrugada para recoger un bollo caliente—. Yo hacía estos. ¡Oh, cómo me gusta la pastelería recién horneada! —Mordió el bollo con cuidado con las encías desdentadas mientras la mantequilla le escurría por la papada.

—Puedo contarte mi historia. Pero no debes usar mi nombre o la gente pensará que estoy loca. —El té salía hirviente de la tetera—. Oh, mi vida ha sido muy triste, pero nunca la vas a olvidar. —Cortésmente, con mano temblorosa, tomó la taza—. Siéntate aquí, ponte cómoda, porque ésta es mi historia y no quiero que pierdas ni una palabra. No, ni una sola palabra.

—Satanta, Kansas, fue donde tratamos de radicarnos. Pero en el invierno la hierba se cubría con demasiada nieve. Nos mudamos al oeste. —La vieja se cerró los ojos como si estuviera recordando

taken to arrive in Santa Fe, New Mexico. "The trains were not efficient in those days. My husband decided it would be better if we went by car." Her dark brown eyes glowed amid the wrinkles.

"He had always wanted a car. In the old country of Czechoslovakia, he had wanted a car. We had seen pictures of them and my husband knew someday he would have one." She clasped her liver-spotted hands together. "He was proud to sell his father's watch, his grandfather's box clock, and his mother's ruby earrings for a Model T Ford."

Her smile faded. "The car was nothing but trouble. The tires went flat at least every mile and he spent more time with those tires than I did with the children.

"Ah, the children—my children. There were six of them, you see, they were stair-stepped children. Hans took care of Sylvia, Sylvia took care of Ruth, and so on down the ladder it went. The baby Dmitri was named after my father. He was Russian and had escaped to Czechoslovakia during the Revolution. I loved my children dearly."

Crying softly, shaking her head, she continued. "It was the fear, the terrible fear of the *nocnitsa* that made us leave our homeland. The terror of losing them one by one, this was what pulled us from our home, our family, and moved us to the new country."

She reached over to the table beside her. "This is a photograph of my husband. You can see he was not a strong man, but he was kind. He was tall, with thin hair and soft eyes, and his hands were delicate from making clocks and watches. He was frail for a tall man, I mean in spirit. He would sleep with his head on my bosom. My arm was wrapped around him, like so, and like a child, he would want to feel close and comforted by me at night. Perhaps

cada paso que había tomado para llegar a Santa Fe, Nuevo
México—. Los trenes no eran eficientes en esos días. Mi marido
decidió que sería mejor irnos en coche. —Sus oscuros ojos
morenos brillaban en medio de las arrugas.

Él siempre había querido un coche. En el viejo mundo de
Checoslovaquia, había querido un coche. Habíamos visto fotos de
ellos y mi marido sabía que algún día tendría uno. —Se estrechó
las manos manchadas—. Tenía orgullo al vender el reloj de su
padre, el reloj de caja de su abuelo y los aretes de rubíes de su
madre para comprar un Ford modelo-T.

Se le desvaneció la sonrisa—. El coche era puro lío. Se le
ponchaban las llantas a cada milla por lo menos, y pasó más tiempo con esas llantas que pasé yo con los hijos.

—Ah, los hijos, mis hijos. Había seis, ¿sabes? hijos de
escalón. Hans cuidaba a Silvia, Silvia cuidaba a Ruth, y bajando
así por la escalera. El bebé Dimitri lo llamamos por mi padre. Era
ruso y había escapado durante la revolución a Checoslovaquia. Yo
quería mucho a mis hijos.

Llorando quedo, moviendo la cabeza, continuó—. Fue a causa
del miedo, del terrible miedo a la *nocnitsa,* que salimos de nuestra
patria. Por el terror de perderlos uno por uno, por eso nos arran-
camos de nuestra casa y de nuestros parientes, y nos mudamos al
nuevo mundo.

Se alargó la mano a la mesa a su lado—. Esto es una foto de
mi marido. Se nota que no era fuerte sino bondadoso. Era alto,
con pelo fino y ojos tiernos, y sus manos eran delicadas por los
relojes que hacía. Era frágil para un hombre alto, quiero decir
frágil de espíritu. Dormía con la cabeza en mi pecho. Yo ponía el
brazo alrededor de él, así, y como niño, quería estar cerca de mí y

he was afraid of the Night Hag as well."

She returned the photo to the table and held up another photo, her oldest son. "This was Hans. He was only nineteen when he died. Some say he resembled my father: Russian, angry, and filled with desire. The desire was what killed him, the desire for more."

She nodded her head as if tired or perhaps contemplating what else to say. Then she remembered. She pushed back her soft grey bangs from her forehead. "The *nocnitsa* is the Night Hag. In the old country it was believed she came from Bulgaria, where the gypsies were strong. The gypsies had magic and hated those who were different from them. It was believed that they had received the magic from mystics in Egypt a long long time ago, that it was a spirit knowledge which goes beyond the way of God.

"The gypsies in Bulgaria are a frightening people. They dance until the evil leaves their bodies and enters those who are watching. I have never wanted to go to Bulgaria."

She stretched out her right hand and took the teacup from its saucer. The tea was cold by now, but she sipped at it as if the warmth still remained. "A woman who lost her baby there, in Bulgaria, came home to our country. She was filled with anger and grief at the loss of her newborn. She grieved as she traveled the road home. An old ox, so the story goes, came up to her on the road. Irritated by her crying and grieving, he charged into her. The woman was strong with the evil feelings of anger and grief and the two of them melded together."

She returned the cup to the saucer. Then she put in two teaspoons of sugar from the white porcelain bowl, added a drop of milk and poured in fresh tea, which she stirred with the silver

ser reconfortado en la noche. Quizás también tenía miedo de la Bruja de la Noche.

Volvió a poner la foto en la mesa y alzó otra, su hijo mayor—. Éste era Hans. Tenía sólo diecinueve al morir. Algunos dicen que se parecía a mi padre: ruso, enojado, y lleno de deseo. El deseo es lo que le mató, el deseo para más.

Cabeceó como si estuviera cansada o contemplando qué decir de más. Pues se acordó. Quitó con la mano los suaves flequillos grises de la frente—. La *nocnitsa* es la Bruja de la Noche. En el viejo mundo, se creía que había venido de Bulgaria, donde los gitanos eran fuertes. Los gitanos tenían magia y odiaban a los que eran diferentes de ellos. Se creía que habían recibido la magia de los místicos en Egipto hacía mucho tiempo, los conocimientos de los espíritus fuera del camino que Dios manda.

—Los gitanos en Bulgaria son gente asustadora. Bailan hasta que el mal sale de sus cuerpos y entra en los que están ahí mirando. Nunca quise ir a Bulgaria.

Alargó la mano derecha y levantó la taza del platito. El té estaba tibia ahora, pero lo bebió a sorbos como si hubiera retenido el calor—. Una mujer que perdió a su bebé allí, en Bulgaria, volvió a su casa en nuestro pais. Estaba llena de rabia y de dolor por la pérdida de su recién nacido. Iba lamentando por el camino a su casa. Un viejo buey, según dicen, se le acercó en el camino. Molesto por su llanto y sus lamentos, la atacó. La mujer era fuerte con los sentimientos malos de rabia y dolor y los dos se unieron para formar uno.

Volvió a poner la taza en el platito. Metió dos cucharaditas de azúcar del azucarero de porcelana blanca, anadió una gota de leche, se sirvió té fresco, y movió todo con la cuchara de plata de

spoon from the table.

"Some people believe this. I am not sure if I do, but this creature roamed the land with the head of an ox. For all who saw her, it was a horrifying vision. The Night Hag would crawl into homes and raise herself high enough to see into the cradles. She could not walk on her two legs for the head of the ox was too heavy.

"When she would raise her ugly ox head to peer into the cradle, she would breathe her foul breath over the tiny bodies, bringing horrible disease to the infants." She shook her head.

"Or the Night Hag would crawl along the floor, giggling to herself, and when she found the infant's cradle she would reach up and tickle the infant's feet. This would startle the infant and it would awaken. She would move herself up to see over the top of the cradle and prod at their little tummies, or worse, much worse...." She was crying again. "...she would suck blood from the tiny little veins to make the infants cry. Once the infant started to cry, the parents would come running into the room, but the Night Hag would disappear at the sound of a parent's footsteps. The *nocnitsa* was everywhere; when we left the old country we felt we had left her behind."

She pulled a lace handkerchief from her side dress pocket. As she lifted the handkerchief to wipe the tears from her face, a silver watch fell on the wooden floor. "Oh, dear, here. This is a watch my dear husband made. See, it is engraved with fine lines and a delicate manner, just like him." She showed the watch and returned it quickly to her dress pocket.

"We left the tired state of Kansas, and when we entered the

la mesa.

—Algunos creen esto. No estoy segura si yo lo crea, pero esta bestia vagó por el país con la cabeza del buey. Para todos los que la vieron, era una visión horripilante. La Bruja de la Noche entraba arrastrándose en las casas y se levantaba lo suficiente para mirar dentro de las cunas. No podía caminar en las piernas porque la cabeza del buey pesaba demasiado.

—Al levantarse la fea cabeza de buey para mirar dentro de la cuna, respiraba con su aliento hediente por encima de los cuerpecitos, trayendo enfermedades horribles a las criaturas. —Movió la cabeza.

—O la Bruja de la Noche se arrastraba por el suelo, riéndose para sí, y al dar con la cuna del bebé, alargaba la mano y hacía cosquillas a los pies de los pequeños. Esto asustaba al bebé y se despertaba. Entonces ella se levantaba para ver por encima de la cuna y darles a las pancitas con la punta del dedo, o peor, mucho peor...—lloraba de nuevo—chupaba sangre de las venitas para hacerles llorar. Al empezar a llorar el bebé los padres venían corriendo al cuarto, pero la Bruja de la Noche se desaparecía al oír los pasos de los padres. La *nocnitsa* se encontraba por todas partes; cuando salimos del viejo mundo pensábamos que la habíamos dejado allí.

Sacó un paño de encaje del bolsillo del vestido. Al levantar el paño para secarse las lágrimas de la cara, un reloj de plata se cayó al piso de madera—. Ay, mira. Esto es un reloj hecho por mi marido. Fíjate, es grabado con líneas finas y estilo delicado, justo como él. —Mostró el reloj y lo devolvió rápidamente en el bolsillo de su vestido.

—Nos marchamos del estado cansado de Kansas, y al entrar

state of New Mexico we found a town known as San Jon. We decided to stay there, even though the winds were ferocious and the night fires would not stay going for the wind. My husband decided to leave the little ones in the old car while the adults and older children slept out on the plain. It was then we knew the Night Hag had come with us."

She straightened her back, her energy returned. "I don't mind telling you this, for it wasn't until after we arrived in Santa Fe that we found out you have your own Night Hag as well."

She looked out the tall French doors to her porch. "The next morning when we tried to wake Dmitri, he would not awaken. We shook him and hugged him, calling his name. His eyes did not open. We couldn't find any of the usual signs of the Night Hag, but we knew she had been there. This was a very bad time for all of us. We had little food, little money, and that car with the bad tires. My husband buried Dmitri there on the plains.

"I guess it was in the village of Moriarty where we stopped next. We stayed on the outskirts and were terribly afraid, for there were crosses all over the plain there where the Indians evidently had killed many pioneers at one time. We had a bad feeling about the place, but we had to stay somewhere and with two tires flat, no food, no petrol, and exhausted bodies, we set up our little camp. All night long the wind blew, and we thought we heard a woman wailing.

"That night Sylvia left us. She was all of seven years old. We buried her among the crosses. At this time, my husband began to lose his strength. He called me the *nocnitsa* and would not come near me."

en el estado de Nuevo México encontramos un pueblo conocido como San Jon. Decidimos quedarnos allí, aunque los vientos eran feroces y las fogatas de noche no se podían mantener por el viento. Mi marido decidió dejar a los pequeños en el coche viejo mientras los adultos e hijos mayores dormíamos en el llano. Fue entonces que supimos que la Bruja de la Noche nos había acompañado.

Enderezó la espalda; tenía energía de nuevo—. No me importa decirte esto porque al llegar a Santa Fe supimos que ustedes también tienen su propia Bruja de la Noche.

Miró por la alta puertaventana al portal—. Al día siguiente cuando tratamos de despertar a Dmitri, no se despertó. Lo sacudimos y lo abrazamos, llamándole por su nombre. Los ojos no se le abrieron. No hallamos ninguno de los indicios usuales de la Bruja de la Noche, pero sabíamos que ella había estado allí. Era una época muy mala para todos nosotros. Teníamos poca comida, poco dinero, y aquel coche con las llantas malas. Mi marido enterró a Dmitri por allá en los llanos.

—Supongo que era el pueblo de Moriarty donde nos detuvimos después. Nos quedamos en las afueras con mucho miedo, ya que había cruces por toda la llanura donde los indios habían matado a muchos pioneros en una época. Tuvimos un mal presentimiento con respeto al lugar, pero debíamos quedarnos en alguna parte y entonces, fatigados, con dos llantas ponchadas y nada de comida ni gasolina, hicimos nuestro campamento humilde. Toda la noche sopló el viento y pensamos oír gemir a una mujer.

—Esa noche Silvia nos dejó. No tenía más de siete años. La enterramos entre las cruces. En esta época, mi marido empezó a perder fuerzas. Me llamaba la *nocnitsa* y se negaba a acercárseme.

Grey hair fell into her eyes as she shook her head. "He wouldn't let the children get close to me. Most of the time he spent fiddling with the tires on the car. The children became frightened, not knowing what to believe. Finally, he would not eat any food I had prepared or drink the tea I made, and he became sullen and ill. After two weeks of this he died.

"I suppose I should have felt sorry at the time, but I didn't. I was angry and upset. The children were safe as long as there was discord between us. After he died, the deaths resumed. Clarice, the prettiest of the girls, was found dead on a ditch bank. The people in Moriarty wouldn't help us at all, for we did not speak English too well and they were frightened by us.

"Finally, after working on the car for days, Hans figured out how to get it to run. He drove us into Santa Fe. It took us two days to get up La Bajada hill and another day to reach the town. On the second night at La Bajada, Folke was taken from us. Our camp was far from the other people, for we did not understand them and the men drank. I had two children left: Sidney, my middle son, and Hans, my oldest son. Hans took to gambling off the Plaza and was killed in a gunfight over cheating. He had made seven watches and two clocks when he was killed. Sidney stayed with me until he married, and once he had enough money from working in a grocery store, he and his wife returned to the East Coast. Later I received a letter from Sidney. He had taken his family home and they were living back in the old country.

"Many people here speak of the Night Hag. They call her a

El pelo gris le tapó los ojos al sacudirse la cabeza—. No permitía que los hijos se me acercaran. La mayor parte del tiempo la pasó arreglando las llantas del coche. Los hijos se pusieron nerviosos, no sabían qué pensar. Por fin, se negaba a comer la comida que le preparaba yo o beber el té que yo le había preparado, y se puso mal humorado y enfermo. Al cabo de dos semanas así, se murió.

—Supongo que debí haberlo sentido en el momento, pero no fue así. Estaba enojada y alterada. Los hijos habían estado a salvo cuando había desacuerdo entre nosotros. Pero al morir él, los muertos comenzaron de nuevo. A Clarice, la más bonita de las niñas, la encontramos muerta en una acequia. La gente de Moriarty no nos ayudó en absoluto porque no hablábamos bien el inglés y nos tenían miedo.

Finalmente, después de pasar muchos días tratando de arreglar el coche, Hans comprendió cómo hacerlo funcionar. Nos llevó en coche a Santa Fe. Tardamos dos días en subir la colina de La Bajada y un día más para llegar al pueblo. La segunda noche en La Bajada, se nos llevó a Folke. Nuestro campamento estaba lejos de los demás porque no los entendíamos y los hombres se emborrachaban. Me quedaban dos hijos: Sidney, el hijo de medio y Hans, el mayor. Hans se dedicó al juego y fue matado en un pleito con pistolas por hacer trampas. Había hecho nueve relojes cuando murió. Sydney se quedó conmigo hasta casarse, y una vez que había ganado suficiente dinero de su trabajo en una tienda de comestibles, su esposa y él volvieron a la costa del este. Más tarde recibí una carta de Sydney. Había regresado con su familia al viejo mundo y allí vivían.

—Aquí mucha gente habla de la Bruja de la Noche. Le dice

name in Spanish I do not understand. Now I know it was not the Night Hag from the old country, but the Spanish woman searching for her children who robbed me of mine. What a loss it was for us to come all this way just to find what we were running from."

She took her dark mahogany cane, pushed with extreme effort, and rose up from her easy chair to return to her bedroom. She shook her head and closed the bedroom door without saying good-bye.

un nombre en español que no entiendo. Ahora sé que no fue la Bruja de la Noche del viejo mundo sino la española buscando a sus propios hijos que se me llevó los míos. Qué mala suerte para nosotros venir toda esta distancia para encontrar justo lo que estabamos huyendo.

Tomó su bastón de nogal oscuro, empujó con gran esfuerzo, y se levantó del sillón para volver a su recámara. Meneó la cabeza y cerró la puerta de la habitación sin despedirse.

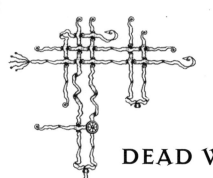

DEAD WIFE'S REVENGE

Sophia and Arnold Tafoya cannot agree on anything. They had both agreed to tell this story, but they could not agree on whether it was the wife or the husband who lived.

"Sophia, you always exaggerate everything! This story is not filled with wild ideas, it is a simple story!"

"Arnold is always telling me what I should think. He doesn't believe I can think on my own. I heard this story first and my version is the true story. Don't listen to him!" Sophia pointed her finger at Arnold's red face.

Arnold shook his head. "Women! Women push us men around until we are going crazy, crazy! This is my story and Sophia heard it from me! She is always correcting me, telling me what to say and how to act in public. If she wasn't so good looking I would have left her years ago!" Arnold put his hand on top of Sophia's. "All right, you want to tell my story? Go ahead, but you will have to be patient with me when I correct you."

Sophia pulled her hand out from his. They were both forty-three years old, they had been married for nineteen years, and they had seven children. "You! You don't even know this story. I shall tell it and you will be quiet. Be quiet and you just might learn something!"

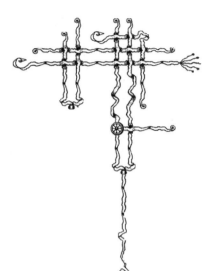

LA VENGANZA DE LA DÍFUNTA ESPOSA

Sophia y Arnold Tafoya no pueden ponerse de acuerdo en nada. Los dos habían quedado en contar este cuento pero no estaban de acuerdo de si era la esposa o el marido que seguía viviendo.

—Sophia, ¡tú siempre exageras todo! ¡Este cuento no está lleno de ideas locas, es una historia sencilla!

—Arnold siempre me dice qué debo pensar. No cree que sea capaz de pensar para mí misma. Yo oí este cuento primero y mi versión es la verdadera. ¡No le escuches! —Sophia señaló con el dedo en la cara rojiza de Arnold.

Arnold movió la cabeza—. ¡Las mujeres! Las mujeres nos dominan hasta volvernos locos, ¡locos! ¡Ésta es mi historia y yo se la conté a Sophia! Siempre está corrigiéndome, diciéndome qué decir y cómo portarme en público. ¡Si no fuera tan atractiva la habría dejado hace años! —Arnold puso la mano sobre la de Sophia—. Bueno, ¿quieres contar mi historia? Está bien, pero tendrás que tenerme paciencia cuando te corrija.

Sophia sacó su mano de debajo de la de Arnold. Los dos tenían cuarenta y tres años, tenían diecinueve años de casados, y tenían siete hijos—. Tú, tú ni siquiera sabes este cuento. Yo voy a contarlo y tú vas a callarte. ¡Si te callas es posible que aprendas algo! —Arnold

153

Arnold sighed and shrugged. Sophia smiled and under her breath whispered, "I always win, but it is fun giving him a chance."

Arnold leaned back in his chair, lit up a cigarette and listened. Sophia perched on the edge of her wooden kitchen chair. Her hands were clasped on the red-and-white checkered tablecloth. Her large brown eyes with light green eye shadow sparkled and brought life to her story.

South of Santa Rosa, New Mexico, there are many farms scattered about. Seen from an airplane they appear to be nothing more than small dots with some green patches and a nondescript house. Ranchers and farmers prefer their privacy and keep to themselves except on auction day.

One particular rancher had many line riders to help manage his four hundred head of cattle. His name is not important, for he did not live long. It was said that one dark and moonless night, he went out with seven of his men during the cold and unkind winter to bring in strays. All of the men were killed although no one ever found the bodies. Their horses returned after six days with the grub, water canteens, and bedrolls still tied to the back of the saddles. The ropes were loosely placed around the pommel. Rifles hung freely from the saddle straps.

The wife Adelia took charge of the ranch with the help of the head foreman. She gave the orders to him and he gave orders of his own making to the men. The winter weather was brutal: nights dark with howling winds, brazen sun trying to break through the thick, dark clouds. All of the men went out to look for the owner, including the foreman, riding on his deceased boss's stallion. They

suspiró y se encogió de hombros. Sophia sonrió y entre dientes mas-
culló—:Yo gano siempre pero es divertido darle una oportunidad.

Arnold se recostó en la silla, encendió un cigarro y eschuchó.
Sophia se posaba al borde de la silla de madera de la cocina. Tenía las
manos juntas sobre el mantel cuadrado de blanco y rojo. Sus grandes
ojos cafés pintados con sombreador verde claro brillaban y daban vida
a su cuento.

Al sur de Santa Rosa, Nuevo México, hay muchas granjas dis-
persadas por el campo. Vistas desde un avión no parecen ser más
que pequeñas manchas con parcelas de verde y una casa
cualquiera. Los rancheros y los granjeros prefieren su privacidad y
se quedan a solas excepto en el día de subasta.

Un ranchero en particular tenía muchos vaqueros y trabajadores para ayudarle a manejar sus cuatro cientas cabezas de
ganado. No es importante su nombre porque no vivió por mucho
tiempo. Se decía que una noche oscura sin luna salió con siete de
sus hombres durante el invierno frío y cruel para buscar el ganado
extraviado. Todos los hombres fueron matados aunque nunca ha-
llaron los cadáveres. Seis días más tarde sus caballos volvieron con
los comestibles, las cantimploras y los petates todavía amarrados a
las sillas. Las cuerdas se habían puesto alrededor de los pomos.
Los rifles colgaban de las fundas de las sillas.

Adelia, la esposa, se encargó del rancho con la ayuda del mayoral. Ella le daba las órdenes y él les daba sus propias órdenes a
los hombres. El tiempo del invierno era brutal: noches oscuras con
viento que aullaba, sol ardiente que trataba de abrirse paso por las
gruesas nubes oscuras. Todos los hombres fueron en busca del
dueño, inclusive el mayoral, montado en el caballo de su difunto

did not come back either, but the horses and the gear certainly
did.

Some say Adelia went stir crazy alone, locked in the house,
with the cruel winds of winter destruction. Others say she alone
caused the men's demise and had no conscience in what she did.
It is said that many a man disappeared from this area in the winter winds, and only his horse returned.

There was a time told of Filberto Anaya, a man in his forties,
who wandered home late after visiting friends. He was traveling by
horse, and the moon was all but full. His horse walked patiently
through the thick snow, remembering the road home though there
was not a trace of road to be seen. Filberto trusted his horse completely. Even though he had a belly full of drink, the cold wind
sobered him as they plodded along.

On this night of the winter solstice, Filberto found himself in
the thick of a snowstorm. The wind cried out as it howled around
him. Icy snow blew, stinging his face and neck. His eyes watered
down to his thick moustache, which was now heavy with icicles.
Hunching close to the saddle, he peered out wearily. The black
horse trudged on through the blizzard; he had no choice but to
continue. At the sound of a loud cackling, Filberto turned in his
saddle. A black shape loomed towards him, hovering on top of the
snow.

It was a haggard woman with a gleeful, guttural laugh. She
wore a worn and tattered brown cloak and in her right hand
wielded a butcher knife. With stiff fingers, Filberto reached under
his jacket to unhook his long hunting knife from its leather belt
holster.

Without waiting for her to reach him, he spurred the horse to

jefe. Tampoco volvieron aunque los caballos con su aparejo sí.

Según dicen algunos, Adelia se volvió loca estando allí a solas, encerrada en la casa con los vientos crueles y destructivos del invierno. Otros dicen que ella sola causó la muerte de los hombres sin remordimientos. Se dice que muchos hombres desaparecieron de esta región bajo los vientos de invierno y que sólo los caballos regresaron.

Se cuenta de Filberto Anaya, hombre de cuarenta años, que volvía a casa una noche muy tarde después de visitar a unos amigos. Viajaba por caballo, y la luna estaba casi llena. El caballo andaba con paciencia por la nieve pesada, recordando el camino hacia la casa aunque el camino mismo no se veía en absoluto. Filberto confiaba por completo en su caballo. Aunque estaba Filberto lleno de alcohol, el viento lo puso más sobrio conforme iban lentamente por la nieve.

En esta noche del solsticio invernal, Filberto se hallaba en medio de una nevada. El viento gritaba y aullaba a su alrededor. Sopló nieve helada, picándole la cara y el cuello. Los ojos lagrimearon hasta sus gruesos bigotes, que se encontraban pesados con hielo. Acurrucado en la silla, se esforzó en ver adelante. El caballo negro seguía caminando por la tormenta; no pudo más. Al oír una risa fuerte, Filberto volteó en la silla. Una forma negra se acercaba amenazante, flotando por arriba de la nieve.

Era una mujer muy pálida con una risa alegre y gutural. Llevaba una capa marrón, gastada y rota, y en la mano derecha blandía un cuchillo de carnicero. Con dedos rígidos, Filberto buscó bajo su chaqueta para desabrochar y sacar su largo cuchillo de caza de su funda de cuero.

Sin esperar que lo alcanzara, Filberto espoleó el caballo. El

a trot. The horse, unsure of the slippery road in front of him, blinded by the snow falling in his face, reared back and took off. Filberto was thrown into a side ditch and disappeared under the moist snow blanket. As quiet as a bird hunting for balance, he moved to the far side of the ditch away from the road. His leather boots gave him little traction; his stillness gave him little time. Just as his left hand reached for the fence post in front of him, he heard her threatening cackle.

Filberto reached up and grabbed at the cold, loose skin of the hand which held the gleaming, sharp butcher knife. His fingers strongly clasped the attacker's wrist to push her back into the ditch. Just before she fell down and disappeared into the snow, her cold and lifeless grey eyes met his. Her mouth opened, revealing sharp teeth and a dry black tongue.

Filberto wasted no time getting over the fence. There ahead of him, barely visible in the blinding snow, was a farmhouse. Staggering in his freezing clothes, he made his way to the entrance. He banged with both wet, cold fists on the wooden door. Footsteps came close to the other side of the door.

"Please let me in, I need shelter for the night! Please let me in, quickly, let me in!"

A bolt slid free and the heavy wooden door opened. Filberto pushed his way quickly past the staring woman, who shut and bolted the door behind them. He let his eyes adjust to the bright light of the front sala. He removed his hat, shaking off the snow without taking his eyes from the small and fragile woman. This was a prosperous home with a finely dressed hostess. She wore a heavy wool shawl, an embroidered ankle-length skirt and a white silk blouse. Her feet were covered by handsomely made black

caballo, inseguro del camino resbaladizo, cegado por la nieve que le caía en la cara, se empinó y luego se fue al galope. Filberto fue tirado a una acequia al lado y desapareció bajo la cobija húmeda de nieve. Tan silencioso como un pájaro que busca el equilibrio, se movió al lado de la acequia más alejado del camino. Sus botas de cuero le dieron poca tracción; su silencio le dio poco tiempo. Justo cuando alargaba la mano izquierda para agarrar el poste de la cerca delante de él, oyó su risita amenazante.

Filberto extendió la mano y agarró la fría y suelta piel de la mano que sostenía el reluciente cuchillo agudo. Con los dedos le asió la muñeca con firmeza para empujarla a la acequia. Antes de caerse y sumirse en la nieve, sus ojos grises—fríos y sin vida— enfrentaron los de él. Se le abrió la boca, revelando así dientes puntiagudos y una lengua negra y seca.

Filberto subió la cerca sin perder tiempo. Delante, apenas visible por la nieve cegadora, estaba una casa. Tambaleándose en su ropa helada, se dirigió a la entrada. Golpeó con los puños fríos y mojados en la puerta de madera. Oyó pasos que se acercaron al otro lado de la puerta.

—Por favor, déjeme pasar. Busco posada por esta noche. ¡Por favor, déjeme pasar, de prisa, déjeme pasar!

Se oyó correr el cerrojo y el portón de madera se abrió. Filberto entró rápido, pasando a la mujer que lo miraba y volvió a cerrar la puerta con cerrojo. Dejó que sus ojos se acostumbraran a la luz brillante de la sala de entrada. Se quitó el sombrero, sacudiendo la nieve de encima, sin quitar los ojos de la mujer pequeña y frágil. Era una casa próspera con ama bien vestida. Llevaba un chal de gruesa lana, una falda bordada que le llegaba hasta los tobillos, y una camisa de seda blanca. Calzaba botas bien hechas

leather boots.

Adelia stepped back. Quietly she said, "No one has come to visit me for years. Why are you here?" Her face showed no trace of welcome. The wrinkles on her upper lip were deep as she clenched her jaw waiting for his response.

"Señora, I assure you I did not come to frighten you. May I share your fire?" Filberto bowed, moving to the huge fireplace with a roaring fire. The house was expensively decorated. The wooden carved furniture was well made with embroidered seat coverings. Filberto pointed to a chair. Adelia nodded for him to sit down.

Relieved for his safety, Filberto politely sat in the chair farthest from the fire. Adelia sat in her rocking chair opposite him. "Señora, I see you are alone. This is not a kind land. Don't you have a husband to protect you?"

Without answering, Adelia slowly rose from the rocking chair. "Would you care for some hot tea? Your clothes are wet and your hands are red and chaffed."

Filberto studied his hands. "Please, some tea would be good. Do you have some water where I can wash my hands?"

Adelia motioned for him to follow her into the kitchen. She pointed to the porcelain bowl sitting in the sink drain. "Here, this water is probably warm enough." He noticed a long knife near the chopping board beside the sink.

Filberto watched her take water from a tin bucket by the kitchen door, fill up a polished metal pot, and place it on the still burning wood stove. He washed his hands, used the drying towel beside the sink and dried his hands.

"Señora, it is rude of me to be forward, but I am concerned

de cuero negro.

La mujer, Adelia, se echó atrás. En voz baja dijo—: Hace años que no tengo visitas. ¿Por qué está usted aquí? —La cara de ella no era nada acogedora. Las arrugas en su labio superior se veían profundas al apretarse la quijada en espera de su respuesta.

—Señora, le aseguro que no he venido para asustarla. ¿Puedo aprovecharme de la lumbre? —Filberto hizo una reverencia, acercándose a la gran chimenea con fogata brillante. La casa estaba decorada con elegancia. Los muebles de madera tallada tenían asientos bordados. Filberto señaló una silla. Adelia afirmó con la cabeza que se sentara.

Aliviado por estar a salvo, Filberto se sentó cortésmente en la silla más alejada de la chimenea. Adelia se sentó en su mecedora en frente de él—. Señora, veo que usted está sola. Esta tierra es dura. ¿No tiene un marido para protegerla?

Sin contestar, Adelia se levantó lentamente de la mecedora—. ¿Quiere tomar un té caliente? Tiene usted la ropa mojada y las manos rojas y chapeadas.

Filberto observó sus manos—. Por favor, un té me sentaría muy bien. ¿Hay agua para lavarme las manos?

Adelia indicó que la siguiera a la cocina. Señaló el aguamanil de porcelana que estaba en el fregadero—. Tome, esta agua debe estar lo suficientemente caliente. —Filberto se fijó en un cuchillo largo cerca del tablero de cortar junto al fregadero.

Filberto la miró sacar agua del cubo de latón cerca de la puerta de la cocina, llenar una olla de metal pulido, y poner la olla en la estufa de leña todavía caliente. Se lavó las manos y usando la toalla húmeda que colgaba cerca del fregadero, se las secó.

—Señora, —dijo— perdone la indiscreción, pero me

about your safety. Where are the men who work this ranch?"

Adelia poured the boiling water from the pot into a white porcelain teapot painted with delicate flowers. She had already placed some herbs in it. The hot water steamed up, giving the room a strangely sweet odor. "Come, let us drink this near the fire."

She put the filled teapot, two spoons and two painted porcelain teacups with saucers on a wooden tray. Filberto followed her into the main room. He watched her hands as she served the tea. Her long fingers were muscular and strong. Her wrists were dainty but bruised.

Adelia sat back in her rocking chair. Tea balanced on her lap, she stirred at it with a small silver spoon. She spoke bitterly. "We moved here eleven years ago. This house once belonged to a rich man and his strong wife. People told us she was murdered in this house by her husband. Some warned us that her spirit was trapped here by the evil which befell her. They said she would kill any man who entered this house."

Adelia sighed. "My husband and I laughed at such stories. We were young, in love, and ready to start a family on this fine farm. But my husband died, and during the same winter all the hired men disappeared, too." Herbs floated round and round in her teacup. The firelight brought out the highlights of her greying brown hair which was pulled back in a tight bun at the nape of her neck.

Filberto took his teacup and saucer from the tray, filled the cup with the herbal tea and again retreated to the far chair. His large calloused fingers felt awkward holding such fragile finery. "Your husband disappeared or did he die?"

preocupo por su seguridad. ¿Dónde están los hombres que trabajan aquí en este rancho?

Adelia vertió el agua hirviente de la olla en una tetera de porcelana blanca pintada con flores delicadas. Ya había metido algunas yerbas. El vapor del agua caliente llenó la cocina de una aroma dulce y rara—. Venga, vamos a tomar esto cerca de la chimenea.

Arregló en una bandeja de madera la tetera llena, dos cucharitas, dos tazas de porcelana pintada para té y dos platitos . Filberto la siguió a la sala de estar. Le observó las manos al servir el té. Sus dedos largos eran fuertes y musculares. Sus muñecas eran delicadas pero magulladas.

Adelia se recostó en la mecedora. Poniendo el té en equilibrio en su regazo, lo movió con una cucharita de plata. Habló amargamente—. Nos mudamos aquí hace once años. Esta casa pertenecía antes a un rico y su mujer fuerte. La gente nos dijo que ella fue matada por el marido en esta casa. Algunos nos advirtieron que su espíritu estaba atrapado aquí por el mal que le sucedió. Dijeron que ella mataría a cualquier hombre que entrara en esta casa.

Adelia suspiró—. Mi esposo y yo nos reímos de tales ideas. Éramos jóvenes, enamorados y dispuestos a empezar una familia en esta buena granja. Pero murió mi marido y durante el mismo invierno todos los trabajadores desaparecieron también. —Yerbas flotaban circulando dentro de su taza. La luz de la chimenea hacía brillar los toques de luz de su pelo castaño encanecido que tenía apretado en un moño ordenado en la nuca.

Filberto tomó su taza y platito de la bandeja, llenó la taza con el té herbal y volvió a sentarse en la silla lejana. Se sentía torpe al tener la taza elegante y frágil en sus dedos grandes y callosos—. ¿Su marido se desapareció o murió?

"He died, they all died." Adelia's cool hazel eyes moved to the leaping flames of the fire. "I know the dead caused this grief, but I can't prove it. You probably think I am crazy or dangerous." Sternly, she added, "I am a God-fearing woman. It is impossible for me to kill anyone!"

Filberto studied the teacup. Flowers of all colors were painted delicately on the sides. The tea smelled strangely sweet. Adelia sipped at it carefully. Filberto moved the teacup around in its saucer.

Adelia reached forward for the fire poker. With the tea still balanced on her lap, she pushed the coals around. She pointed the long, black, wrought iron poker at him. "You must protect yourself. I cannot do anything to save you!" She put the poker back down on the stones in front of the fireplace.

Filberto frowned. Her company was colder than the weather outside. "I would defend you from such a person." His voice drifted off as he heard a banging outside the room.

Adelia shook her head. "Perhaps if I let the thing in and let it kill me this would stop."

Filberto sat up straight. A cold chill had entered the room. Adelia frowned. "She is back. The old woman has a hatred for us being here or rather for me being here. She glides along the snow with her butcher's knife. Her body smells of death."

Filberto grimaced. "The bruises on your wrists, did she give you those?"

Adelia pulled her lace cuffs down to hide her wrists. "She can't stand the prayers—either the prayers or the sound of another woman's voice, I'm not sure which. She is dangerous." Adelia studied the full cup of tea in Filberto's hand. "Better drink it or

—Murió. Todos murieron. —Los verdes ojos sin emoción de Adelia movieron para mirar las llamas altas de la lumbre —. Sé que los espíritus causaron este desastre, pero no lo puedo comprobar. Usted creerá que soy loca o peligrosa. —Con firmeza añadió—: Soy mujer religiosa. ¡Es imposible para mi matar a una persona!

Filberto observó la taza. Se adornaba con flores de muchos colores pintadas con delicadeza. El té olía dulce y raro. Adelia lo tomaba a sorbos con cuidado. Filberto movió la taza en el platito.

Adelia se inclinó para alcanzar el hurgón para el fuego. Con el té todavía balanceado en el regazo, movía las brasas. Señaló a Filberto con el largo y negro hurgón de hierro forjado—. Debe usted protegerse. ¡No puedo hacer nada para salvarlo! —Volvió a poner el hurgón en las piedras frente a la chimenea.

Filberto frunció el entrecejo. Su compañía era más fría que el tiempo afuera—. Yo la defendería de semejante persona. —Dejó de hablar al oír golpes desde afuera de la sala.

Adelia movió la cabeza—. Quizá si la dejara entrar para matarme esto terminaría.

Filberto se incorporó en la silla. Un aire frío había entrado en la sala. Adelia frunció el entrecejo—. Volvió. La vieja odia que estemos aquí o más bien que yo esté aquí. Flota por la nieve con su cuchillo de carnicero. Su cuerpo huele a la muerte.

Filberto hizo una mueca—. Las contusiones en sus muñecas, ¿ella se las dio?

Adelia bajó los puños de encaje para esconder las muñecas—. No aguanta las oraciones—o las oraciones o la voz de otra mujer, no sé cuál de las dos. Es peligrosa. —Adelia se fijó en la taza llena de té en la mano de Filberto—. Mejor que lo tome o si no,

you will surely catch your death of cold."

He put the cup to his lips and drank the tea down in one gulp. It tasted of anise. The banging reverberated through the room, this time at the big room's main window. Adelia put her tea on the tray and walked to the window. The heavy wooden shutters were closed and bolted.

She arched her back and stretched. "I am going to bed. You may sleep here if you wish—if you can sleep." She lifted the tray and took it to the kitchen. Filberto followed her and put his teacup and saucer down on the counter. The banging continued. He picked up the butcher knife. "Do you ever use this?" Adelia shook her head and left the room.

Filberto watched her move quickly down the hall. He listened and turned. The banging had stopped. Adelia entered a room and slammed the door, bolting it behind her. Filberto moved back into the big room. The fire was low. The furniture loomed up to greet him. He held the butcher knife firmly in his right hand.

The shutter over the window rattled. A long shadow fell on the wall, easing forward slowly. Wind blasted into the room, opening the shutter violently and slamming it hard against the inside wall. Paintings fell from their hold and the fire reared up into a blaze.

A white hand reached for a hold on the broken windowsill. Slowly, slowly, a grey hood appeared. Then a withered face with darting eyes peered into the room. Filberto held his breath, not moving, not flinching. The woman's figure entered with the ease of a cat moving forward for the kill. The butcher knife glowed in her hand.

seguramente se le pegará un resfriado mortal.

Acercó la taza a sus labios y bebió el té de un trago. Sabía a anís. Los golpes se resonaron por la sala, esta vez provenientes de la ventana principal. Adelia puso su té en la bandeja y caminó a la ventana. Las pesadas contraventanas estaban cerradas con pestillos.

Adelia arqueó la espalda y se estiró—. Voy a acostarme. Puede dormir aquí si quiere—si es que puede dormir. —Levantó la bandeja y la llevó a la cocina. Filberto la siguió y dejó la taza y el platito en el mostrador. Los golpes continuaban. Levantó el cuchillo de carnicero.

—¿Nunca usa usted esto? —Adelia se negó con la cabeza y salió de la cocina.

Filberto la vio pasar de prisa por el pasillo. Escuchó y se volvió. Los golpes se habían parado. Adelia entró en un cuarto y cerró la puerta con cerrojo desde el interior. Filberto entró de nuevo en la sala grande. El fuego estaba apagándose. Los muebles se perfilaban ante él. Sostenía con firmeza el cuchillo de carnicero en la mano derecha.

La contraventana golpeteó. Una sombra larga apareció en la pared, adelantándose despacio. El viento asaltó el cuarto, abriendo con violencia la contraventana para pegarla fuerte contra la pared. Various cuadros se desprendieron y la lumbre convirtió en llamarada.

Una mano blanca apareció para agarrar el antepecho roto de la ventana. Muy despacio, aparecía una capucha gris. Luego una cara marchitada con ojos activos se asomó al cuarto. Filberto contuvo la respiración sin moverse, sin alterarse. La figura de la mujer entró con la facilidad del gato que se adelanta al preso. El cuchillo de carnicero relumbraba en su mano.

The woman stood hunched in one place as she surveyed the room. Filberto was sure she would see him immediately, but her eyes continued to search, passing his body. Then, floating over the floor, she moved to the rocking chair, sniffed at it, and growled like an angry dog. Her nose flared as she turned her attention on Filberto.

The knife came at him first. Filberto flung out his butcher knife to deflect its attack. Long, cold, sharp fingers struck out at his face. His butcher knife sliced the air and hit some of the fingers; they fell bloodless to the floor. He held his ground, swinging the sharp blade at anything.

Time seemed to pass quickly as he stepped towards the haggard woman. Her fingers were few now and her face filled with rage. He moved at her, ready to chop her to bits, but she was fast, dancing on about him, floating on air.

Behind him, Filberto heard a voice echo in song. The sound was hypnotic, synchronized, eerie with strength. He wanted to turn, but he knew it would mean sudden death. The woman slowed her jabs at him. Her eyes became round and unsure. He noticed the sun rising over the trees and carefully planned his attack.

Filberto brought his butcher knife down on the woman's shoulder. Her arm holding the other knife fell quietly to the floor. No blood fell. Filberto lifted his knife toward her other arm, but the woman backed up to the window ledge. Her head turned to study her exit just as the sun rose and touched her face.

The cloak fell to the ground. A high screech resounded around his head; his body felt hot as live coal. The woman turned

La mujer se quedó encorvada sin moverse, examinando el cuarto. Filberto estaba seguro de que lo vería inmediatamente, pero sus ojos seguían la búsqueda, pasando por alto su cuerpo. Entonces, flotando sobre el piso, llegó a la mecedora, la husmeó, y gruñó como perro rabioso. Le ensancharon las narices al volverse, fijando la atención en Filberto.

Atacó primero con el cuchillo. Filberto tiró su cuchillo para desviar el de ella. Dedos largos, fríos, y agudos le pegaron en la cara. El cuchillo de él cortó el aire y dio con algunos dedos; cayeron sin sangre al piso. Se mantuvo firme, blandiendo la hoja aguda.

El tiempo pareció pasar volando al dirigirse hacía la mujer pá lida. Le quedaban pocos dedos ahora y estaba furiosa. Se la acercó, dispuesto a cortarla en pedazos, pero ella se movía rápidamente, bailando a su alrededor, flotando en el aire.

Detrás de él, Filberto oyó cantar una voz. El sonido era hipnótico, sincronizado, misterioso, fuerte. Quería dar la vuelta pero sabía que resultaría en la muerta inmediata. La mujer disminuyó sus estocadas. Sus ojos se volvieron redondos e inseguros. Notando que el sol estaba saliendo por encima de los árboles, Filberto planeó su ataque.

Hundió su cuchillo de carnicero en el hombro de la mujer. El brazo de ella que sostenía el otro cuchillo cayó en silencio al piso. No hubo sangre. Filberto levantó el cuchillo hacia el otro brazo de ella, pero ella retrocedió hasta el antepecho de la ventana. Volvió la cabeza para planear su salida justo al momento en que el sol salió y le tocó la cara.

La capa cayó al piso. Un grito agudo se resonó alrededor de la cabeza de Filberto; sentía el cuerpo tan caliente como una brasa.

to stone before his eyes. Filberto turned to face Adelia's pale face.

"Is she dead now?"

He relaxed his body, moved to the hunched woman, and touched her one remaining arm. It was solid limestone.

"She is stone. The sun touched her and she turned to stone. Come and see for yourself." Filberto reached out to take Adelia's hand. Together they stared at the statue.

Adelia folded down into the rocking chair. "We must get rid of her or she may come back to life in the night. What can we do to be rid of her forever?"

Filberto hacked the stone to pieces with Adelia's powerful butcher knife. Then he knelt down in front of the fire and placed kindling on the almost dead embers. As the fire built, he fed it large logs. One by one, he carried the pieces of limestone and placed them in the fire. They snapped as strange, iridescent flames burst from them. Soon there was nothing left but hot ashes.

Adelia retrieved a box from the back room, and the two of them shoveled in the smoldering ashes. Filberto took the ashes outside and let the winter wind carry them into the dawning day. He stood outside and studied the sky. Today would be a clear day. The clouds had dissipated and the winds were beginning to quiet.

Behind him at the doorway stood Adelia. She held his heavy jacket and his hat. "Here, you will need these to continue home."

Filberto met her on the portal. "Will you be all right now? Do you need a ride somewhere?"

Adelia shook her head. "The ghosts are gone and now I can get some rest. God be with you." She stepped into the front hall and closed the door.

La mujer se convirtió en piedra ante sus ojos. Filberto se volvió para enfrentarse con la cara pálida de Adelia.

—¿Está muerta ahora?

Filberto se relajó, se acercó a la mujer encorvada y tocó el brazo que quedaba. Era de pura piedra caliza.

—Es de piedra. El sol la tocó y se convirtió en piedra. Venga para verla. —Filberto alcanzó la mano de Adelia. Juntos miraron la estatua.

Adelia se dejó caer en la mecedora—. Debemos deshacernos de ella o puede que resuscite en la noche. ¿Qué podemos hacer para librarnos de ella para siempre?

Filberto cortó la piedra en pedazos con el cuchillo poderoso de Adelia. Luego se arrodilló en frente de la chimenea y puso astillas sobre las brasas. Mientras crecía el fuego, le alimentó con leños grandes. Uno por uno, llevó los pedazos de la piedra y los puso en la lumbre. Crujieron mientras desprendieron extrañas llamas iridescentes. Pronto no quedaba más que las cenizas calientes.

Adelia trajo una caja del cuarto de atrás y los dos echaron ahí con la pala las cenizas calientes. Filberto sacó afuera las cenizas y dejó que el viento invernal se las llevara. Se quedó parado afuera para observar el cielo. Hoy sería un día claro. Las nubes se habían dispersado y el viento comenzaba a calmarse.

Detrás de él en el umbral estaba Adelia. Tenía su sombrero y su chaqueta gruesa—. Tome, los necesitará para el viaje a casa.

Filberto fue a su encuentro al portal—. ¿Usted estará bien ahora? ¿Necesita que la lleve a algún lado?

Adelia se negó con la cabeza—. Los fantasmas ya no están y por fin puedo descansar. Vaya con Dios. —Entró en el vestíbulo y cerró la puerta.

Filberto found his way home. His wife had worn a path back and forth in front of the barn. She ran to him when he came around the side of the house. "Where have you been? I have been worried out of my mind since your stallion came home without you! All of your things were on the saddle, but you were nowhere! Did the Adelia woman try to get you?"

Filberto hugged his wife. "The Adelia woman saved my life. But no more talk of last night, let's eat!"

It is said Adelia packed up her belongings and went to another town. Others say she died in her sleep that very night to join her husband.

Filberto se dirigió a casa. Su mujer había hecho un sendero frente al granero por tanto ir y venir en toda la noche. Se le acercó corriendo al verlo pasar por el lado de la casa.

—¿Dónde has estado? ¡Estaba loca de preocupación desde que tu caballo regresó a casa sin ti! Todas tus cosas estaban en la silla, ¡pero tú no te encontrabas en ninguna parte! ¿Esa Adelia trató de matarte?

Filberto abrazó a su mujer—. Esa Adelia me salvó la vida. Pero no hablemos más ahora, ¡vamos a desayunar!

Se dice que Adelia empacó sus pertenencias y fue a otro pueblo. Otros dicen que murió mientras dormía esa misma noche para reunirse con su marido.

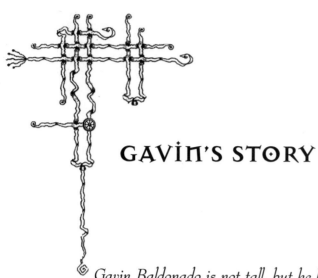

GAVIN'S STORY

Gavin Baldonado is not tall, but he has the head of a very large man. His hands are huge, his feet equally large, but his body is petite, almost the size of a ten-year-old boy. Gavin never gives the impression of being small in character. He can laugh loudly, speak clearly, and work just as hard as the next man loading the train. The Atchison Topeka and the Santa Fe lines pass right through the South Valley just outside of Albuquerque, New Mexico. The train-loading docks are located throughout the South Valley with a hardy crew of workers who stay up all night waiting for the next load.

Gavin took a writing class once. He wrote a fine story, one his grandfather had told him from a time long ago with long ago people. According to Gavin, "Baldonado is originally an Irish name. It is MacDonald in the old country, but when the Irish fled to Spain they changed it to Baldonado."

This Baldonado or MacDonald story was passed down in his family. His eyes glaze over when he tells it, his hands remain in his pockets, and his large feet move in step with the beat of the words.

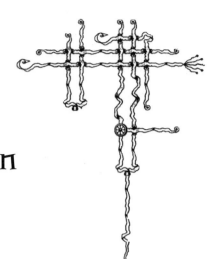

LA HISTORIA DE GAVIN

Gavin Baldonado no es alto pero tiene la cabeza de un hombre muy grande. Sus manos son enormes, sus pies también, pero su cuerpo es pequeño, casi igual al cuerpo de un muchacho de diez años. Gavin nunca da la impresion de ser pequeño en personalidad. Puede reír fuerte, hablar claro, y trabajar tan duro como los otros que cargan el tren. La línea Atchison Topeka y Santa Fe pasa derecho por el Valle Sur en las afueras de Albuquerque, Nuevo México. Los ándenes para cargar los trenes se encuentran por todo el Valle Sur con un grupo de trabajadores fuertes que se desvelan esperando la próxima carga.

Gavin tomó una vez una clase de creación literaria. Escribió un buen cuento que su abuelo le contaba de los tiempos pasados y la gente de antaño. Según Gavin—: Baldonado originalmente era un apellido irlandeses. Dicen "MacDonald" en el viejo mundo, pero al huir los irlandeses a España, lo cambiaron a Baldonado.

Este cuento de Baldonado o MacDonald se pasaba de generación en generación en su familia. Al contarlo, los ojos de Gavin se ponen vidriosos, mantiene las manos en los bolsillos y sus grandes pies se mueven al compás de las palabras.

Diego was a rich man who had a ranch high up in the mountains. He had plenty of sheep, fields of alfalfa, and cows to make all the fresh butter for a town the size of Albuquerque. He was not a model rancher. A big man, he had a face bulging with fat, a network of veins mapping their way across his wide nose and cheeks, and blood-shot brown eyes that wept in the bright sun. He was a man who lived by overindulgence.

Diego loved his wine taken late at night with younger men at the cantina and in the presence of tender young women who swarmed around him until he could no longer stand. Money flowed easily from Diego's hand and many were eager to reap his generosity in exchange for drinking company.

Late one night at the cantina, Diego proposed a wager. He dared anyone there to go on a hunt with him and kill as many rabbits as he did. "Whoever can match or top me shall have one hundred dollars and a year's free drink at this establishment!"

Cheers went up all around the bar. Young men whooped and hollered at Diego's foolishness. Little did they know of Diego's great hunting skills and his fine dogs. The young men quickly found paper and pencil and put their names on a list which they stuffed into his pocket as they helped him return home to the mountain ranch.

The hunting day came. Diego was dressed in his hunting clothes. His dogs were washed and brushed, barking and running around him as his horse danced about to keep from stepping on them. A cloud of dust appeared on the road and soon a group of twelve young men cantered up to him with rifles polished and spirits high.

Diego era un hombre rico que tenía un rancho muy alto en las montañas. Tenía muchas ovejas, muchos alfalfares, y suficientes vacas para hacer toda la mantequilla necesaria para una ciudad del tamaño de Albuquerque. No era ranchero ejemplar. Era un hombre grande. Tenía la cara abultada de grasa, una red de venas que se dirigían por sus anchas mejillas y nariz, y morenos ojos inyectados que lagrimeaban al sol fuerte. Era hombre que vivía por los excesos.

A Diego le encantaba el vino tomado muy de noche con hombres jóvenes en la cantina y en presencia de mujeres jóvenes y tiernas que lo rodeaban hasta que no podía mantenerse a pie. El dinero corría con facilidad de la mano de Diego y muchos estaban dispuestos a aprovecharse de su generosidad acompañándolo a tomar.

Una noche muy tarde en la cantina Diego propuso una apuesta. Retó a todos a acompañarlo a cazar y a matar tantos conejos como él—. ¡Quien me pueda igualar o sobrepasar en la caza tendrá cien dólares y un año de tragos sin pagar en esta cantina!

Se oyeron gritos de alegría por toda la cantina. Los jóvenes armaron jaleo por la tontería de Diego. Poco sabían de las habilidades de Diego para la caza ni de sus buenos perros. Los jóvenes encontraron rápidamente papel y lápiz para anotar sus nombres en una lista que metieron en el bolsillo de Diego al ayudarle a volver a su rancho en las montañas.

El día de la caza llegó. Diego se vistió en ropa de caza. Sus perros, lavados y cepillados, ladraban y corrían a su alrededor mientras su caballo se movía de aquí para acá para no pisarlos. Una nube de polvo apareció en el camino y pronto un grupo de doce jóvenes se le acercaron a medio galope con rifles pulidos y con mucho ánimo.

Diego read off his list of rules. The dogs barked and smelled the strangers' horses. The sun was just up and the earth smelled fresh with the dew. Diego lifted his rifle and shot into the air. The hunters thundered across the countryside, trampling the fresh grasses and newly blooming flowers. Other ranchers yelled at them as they scattered the young calves over the hills. The hunters had only one goal and that was for rabbit.

At times, the hunters raced in different directions, only to regather and share information. Diego was fast ahead of them, firing at anything which was small and moved. The others were amazed as his dogs raced to recover the kill and bring to their owner the corpse of the rabbit, dripping with blood.

Frustration overcame the younger hunters as they slowed. The day had become hot and their mouths were dry. Diego turned his horse round and galloped up to them. "Come, let us have some wine! Who brought the wine?" The other hunters shook their heads. They had not planned to drink while hunting rabbit.

Diego's booming voice thundered at them. "No wine, then you can all go to hell for it! Are you as stupid at drinking as you are at the hunt?" None answered him. He stood in his saddle. "Then may you all go to hell!" The young men pulled their horses back to talk with one another.

A stranger riding on the ridge above them turned his horse and half sliding down the sloping arroyo, joined them. The stranger had a wide-brimmed black hat which shielded his eyes from the sun. The hat shielded his eyes, as well, from those who wished to see his face. He reached into his saddle bags and pulled out a leather pouch or bota, which he threw to Diego. Diego caught it without a thought. "Hey, stranger, you have some sense

Diego leyó en voz alta su lista de reglas. Los perros ladraron y husmearon los caballos de los desconocidos. El sol acababa de salir y la tierra olía fresca con el rocío. Diego alzó su rifle y tiró en el aire. Los cazadores galoparon como truenos por el campo, aplastando las hierbas frescas y las flores nuevas. Otros rancheros les gritaron como iban dispersando los nuevos becerros por las colinas. Los cazadores tenían una sola meta: los conejos.

A veces los cazadores corrieron por diferentes direcciones para luego reunirse y compartir información. Diego iba muy adelante de ellos, tirando a cada cosa chica que se moviera. Los otros se asombraron al ver cómo sus perros corrían para recoger el preso muerto y llevárselo sangriento a Diego.

La frustración conquistó a los cazadores jóvenes conforme iban más despacio. Empezaron a sentir calor y tenían seca la boca. Diego dio vuelta a su caballo y se les acercó al galope—. Vamos, ¡a tomar vino! ¿Quién trajo el vino? —Los otros cazadores se negaron con la cabeza. No habían pensado en tomar mientras cazaban conejos.

La voz de Diego les llegó como un trueno—: ¿No hay vino? Pues al diablo con todos ustedes! ¿Son tan tontos para beber como son para la caza? —Nadie le contestó. Se paró en la silla—. Pues, ¡al diablo con todos! —Los jóvenes se retiraron para hablar entre sí.

Un forastero que iba montado por el cerro de arriba viró su caballo y se reunió con ellos, medio rezbalándose por el pendiente. Tenía un sombrero negro de ala ancha que le protegía los ojos del sol. También protegía los ojos de los que quisieran ver su cara. Metió la mano en las alforjas y sacó una bolsa de cuero o bota que le tiró a Diego. Diego la atrapó sin pensar—. Gracias,

at least!"

Diego twisted off the cork and lifted the bota in the air. He squirted the rich red wine into his mouth, letting droplets roll down his triple chin. "Ah, this wine is good enough for the gods!" He lifted the bota and again took another long drink. "The Devil himself could not make a wine as fine as this!" Diego wiped his lips with the back of his bloody glove. He prepared to throw the bota back to the stranger, but the stranger lifted his hand to stop him. Slowly, with a cat-like ease, the stranger dismounted his horse.

Leading his horse, the stranger reached up and plucked off the dead rabbits hanging from Diego's saddle straps. Diego tried to turn his large bulk in the saddle. "Stop that, man. None of those are yours. I hunted them fair and square. Leave them be, they are mine!"

The younger hunters stared, not moving. The stranger continued, paying no attention to Diego's throaty orders. Effortlessly, he tied the dead rabbits to the straps of his saddle. He then mounted, and with a turn of his hand, began to trot away from the group. Diego lunged forward, trying to grab the rabbits from the stranger's saddle. His actions were noticeably sloppy, for he was drunk.

"Those animals are mine! You give them back! You are a thief and I shall get them from you! May the Devil take your soul! Those rabbits are mine!" Diego whirled his horse. The dogs began to bark and race around him, eager for Diego to pick a direction. The younger men were tired of Diego's game. It was over and they were hot and tired. They watched, unsure as to what they should do.

forastero, usted por lo menos tiene sentido.

Diego le quitó el corchón y levantó la bota al aire. Vertió el rico vino tinto en su boca, dejando que las gotitas se escurrieran por la papada—. Ah, ¡este buen vino podría complacer a los dioses! —Levantó la bota otra vez para tomar largamente—. El Diablo mismo no podría hacer vino tan bueno como éste! —Diego limpío los labios con el dorso de su guante sangriento. Empezó a tirarle la bota al forastero, pero éste levantó la mano para detenerlo. Despacio, con la naturalidad de un gato, el desconocido desmontó el caballo.

Guiando el caballo, el forastero alargó la mano para coger los conejos muertos que colgaban de las tiras de la silla de Diego. Diego trató de virar su gran cuerpo en la silla—. No haga eso, hombre. No son suyos. Yo los cacé. ¡Déjelos, son míos!

Los jóvenes miraron sin mover. El forastero continuó, sin hacer caso a las órdenes guturales de Diego. Sin esfuerzo alguno ató los conejos muertos a las tiras de su silla. Montó, y girando la mano, empezó a dejar el grupo al trote. Diego se lanzó hacia adelante, tratando de arrancar los conejos de la silla del desconocido. Sus movimientos eran torpres, era obvio que estaba borracho.

—¡Aquellos animales son míos! ¡Devuélvamelos! ¡Es usted un ladrón y yo se los tomaré! ¡Al diablo con su alma! ¡Los conejos son míos! Diego dio vuelta a su caballo. Los perros empezaron a ladrar y correr alrededor de él, esperando a que Diego les indicara una dirección. Los jóvenes ya se habían cansado del juego de Diego. Ya se había acabado y tenían calor y estaban cansados. Miraban sin saber exactamente qué hacer.

Diego let out a devilish bellow. His horse lunged forward into a dead run. They watched as Diego set out after the stranger. The stranger gave the horse his head, and as fast as the wind, the man, the horse, and the dead rabbits all leapt off the cliff and into the swiftly moving waters of the Rio Grande.

The young hunters spurred their horses to the side of the hill. Diego never slowed. His horse, his dogs, and his scream all followed the stranger—all disappearing into the high mountain river. They stood and waited for someone to rise to the surface. No one did, not even the dogs.

It is said that when the winter wind blows in the canyon, one can hear Diego's scream. If one is very still and the night is very dark, Diego's horse goes running through the high forests, carrying on his back a large white ghost who holds a bota of wine which runs red down his chin. But people do say the strangest things!

Diego soltó un bramido diabólico. Su caballo se lanzó para adelante a todo galope. Miraron salir a Diego tras el forastero. El desconocido dejó correr a su antojo su caballo y tan rápido como el viento, todos—el hombre, el caballo y los conejos muertos— brincaron del acantilado para entrar en las aguas rápidas del Rio Grande.

Los cazadores jóvenes espolearon sus caballos hasta llegar al lado de la colina. Diego nunca disminuyó la velocidad. Su caballo, sus perros y su grito—todos siguieron al forastero, todos desaparecieron bajo el agua profunda del río de alta montaña. Se quedaron esperando a que alguien apareciera a la superficie. Nadie apareció, ni siquiera los perros.

Se dice que al soplar el viento invernal por el cañón, es posible oír el grito de Diego. Si no se hace ningún ruido y la noche está muy oscura, el caballo de Diego va corriendo por los bosques altos, llevando en ancas un gran fantasma que tiene una bota de vino que escurre rojo por la barbilla. ¡Pero la gente siempre dice las cosas más raras!

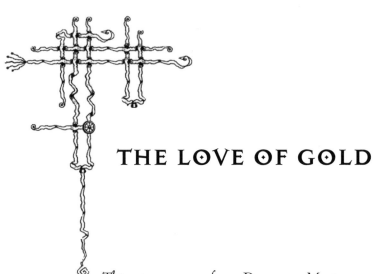

THE LOVE OF GOLD

This story comes from Durango, Mexico, carried here by those who wished to escape the heavy hand of the revolutionaries and the Mexican government. Ernesto Rodriguez tells this story with great sadness. He is eighty-one years old, a retired farmer living in the South Valley of Albuquerque and an admirable gent. Each afternoon in the summer he sits outside on a tree stump by the ditch to watch the traffic go by on the Camino Real.

"Life has changed here in the valley—the way people dress, the way they drive, the hurry they are always in and the lack of respect they have for their elders." Ernesto smiles, gritting his false teeth together. "But people are just as greedy now as they were when I was growing up in Mexico. And they aren't even as clever." Ernesto lights his cigarette and holds it firmly in his tobacco-stained fingers. "Clever is important, but when you cannot fool the Devil, you are in trouble. Let me tell you what can happen."

Gold was life in the old days, around 1912 in Mexico. You were no one or nothing without the heavy weight of gold in your

184

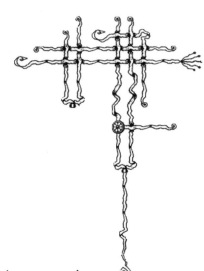

EL AMOR AL ORO

Este cuento viene de Durango, México, traído aquí por los que querían escapar la mano pesada de los revolucionarios y del gobierno mexicano. Ernesto Rodríguez cuenta esta historia con gran tristeza. Un granjero jubilado que vive en el Valle Sur de Albuquerque, Ernesto tiene ochenta y un años y es un señor simpático. Cada tarde de verano se queda sentado afuera en un tronco cerca de la acequia para mirar pasar el tránsito por el Camino Real.

—La vida ha cambiado aquí en el valle: el modo de vestirse de las personas, su manera de conducir, la prisa con la cual andan siempre, y la falta de respeto que tienen para los viejos. —Ernesto se sonríe, molando los dientes postizos—. Pero la gente es igual de avara ahora como era cuando yo me criaba en Nuevo México. Y no es tan astuta. —Ernesto enciende su cigarro y lo sostiene con firmeza en los dedos manchados del tabaco—. Ser astuto es importante pero cuando no logras engañar al Diablo, te encuentras en apuros. Deja que te cuente lo que se puede ocurrir.

El oro era vida en los viejos tiempos, alrededor de 1912 en México. No eras nadie ni nada sin el peso del oro en tus bolsillos.

pocket. Land was stolen from most of the people; it was taken, given, and raped by those who had power. But gold was yours in those days. You could carry it with you, you could hide it, you could keep it safe from thieves. Gold was kept by the clever and lost by the thoughtless.

Estevan Cortez was not unlike the other gold miners and farm workers in Durango during the days of 1912. He lived in a modest, broken-down house, but a home nonetheless. Estevan's mother was an Indian woman who had firmly believed gold was the high god's gift to the earth who is our mother. Estevan's mother had told him, time and time again, that raping the earth of her gift from the sky would bring nothing but evil to those who took the gold. She would have nothing to do with gold and after a while she no longer came to visit him or his wife and baby.

Theodora, Estevan's wife, missed her mother-in-law. She would ask her husband each day to take the gold to town and trade it for goods which they could barter if they needed food, but to please get rid of the gold. Estevan fought with her. "If we lose this gold, we lose everything. This gold gives us the right to live and fight against these revolutionaries; it gives us wealth many others will never have. I cannot risk losing this gold. It means security for us and the baby." Theodora usually gave in and went about her business.

Estevan did do well. He stopped mining and with some of his gold he bought land on the edge of the mountain. He farmed it by himself with his young son and the land was good to them. The rest of his gold he hid. Theodora became concerned when raiders would come to the house while her husband and her son were out in the field. She was ashamed of the gold but knew she

La tierra se le robaba a la mayoría de la gente; los poderosos la tomaban, la daban y la explotaban. Pero el oro era más seguro en aquellos días. Podrías llevarlo contigo, podrías esconderlo, podrías protegerlo de los ladrones. Los astutos guardaban el oro y los descuidados lo perdían.

Estevan Cortez no era diferente de los otros mineros de oro y labradores de granja en Durango en los días del año 1912. Vivía en una casa que si bien era humilde y raquítica, era un hogar. La madre de Estevan era una india que creía definitivamente que el oro era el regalo del gran dios a la tierra que es nuestra madre. La madre de Estevan le decía repetidas veces que robarle el regalo a la tierra les traería mucho mal a los que robaran el oro. No quería saber nada del oro y después de un tiempo ya no visitaba al hijo ni a su mujer y su bebé.

Theodora, la esposa de Estevan, extrañaba a su suegra. Le pedía cada día a su marido que llevara el oro al pueblo para cambiarlo por bienes que podrían trocar si necesitaran comida, pero que por favor se deshiciera del oro. Estevan peleó con ella—. Si perdieramos este oro, perderíamos todo. Este oro nos da el derecho de vivir y luchar en contra de los revolucionarios; nos da riqueza que muchos otros no tendrán jamás. No puedo tomar el riesgo de perder este oro. Significa seguridad para nosotros y para el bebé. —Theodora entonces cedía y volvía a sus asuntos.

Estevan sí tuvo éxito. Dejó el trabajo de minero y con una parte de su oro compró terreno al borde de la montaña. Lo cultivaba solo con su hijo joven y la tierra era buena para ellos. Lo demás del oro lo escondió. Theodora se preocupaba cuando los invasores venían a la casa mientras su esposo y su hijo estaban en el campo. Se sentía vergüenza por el oro pero sabía que tenía que

had to be loyal to her husband and keep the gold hidden.

The raiders were a band of men who had lost their land to the politicians or the greedy landowners. These raiders were desperate but not unkind. They would come into Theodora and Estevan's home, take food and clothing, and leave her untouched. Sometimes if they were not too ugly, Theodora would cook for them and listen to their stories of the landowners moving through Mexico stealing the lands of hardworking men. She could find out how far away they were and how fast they were moving towards their small farm. She would share these stories with her husband.

On one occasion the raiders told her the landowners were moving up from the south. The landowners had a militia, well paid, ruthless, greedy, moving this way, and they warned her to take her family and leave. Theodora waited impatiently for her husband to return.

Her son came back at dusk filled with news of an irrigation ditch he and his father had created from a runoff in the mountains. Now they could plant more crops and have more income.

Estevan stayed out on the land. He studied the trenches he and his son had dug and thought about the crops he would plant. Finally, when the stars were high in the moonless sky, he decided to return home. He walked down the familiar path.

Suddenly, behind him, he heard a woman's high-pitched scream. Afraid that it was Theodora, who might have come looking for him, he dropped his shovel and ran towards the scream. There, walking towards him, was a woman in a beautiful brocade dress. She had on a cape and a hood, not unlike what the rich women wore in those days, and she was carrying a basket. Estevan hurried towards her.

ser leal a su marido y dejarlo escondido.

Los invasores eran una banda de hombres que habían perdido su terreno a los políticos o a los terratenientes rapaces. Estaban desesperados pero no eran crueles. Entraban en la casa de Theodora y Estevan, tomaban comida y ropa, pero dejaban sin tocar a Theodora. A veces si no eran demasiado feos, Theodora cocinaba para ellos y le contaban sus historias de cómo los terratenientes iban por México robando la tierra a los campesinos trabajadores. Averiguaba qué tan lejos estaban y qué tan rápido se avanzaban hacia su pequeña granja. Le contaba estas historias a su marido.

En una ocasión, los invasores le dijeron que los terratenientes venían subiendo desde el sur. Tenían una milicia bien pagada, despiadada, avara, que venía por este rumbo, y le aconsejaron que se escapara con su familia. Theodora esperó impaciente el regreso de su esposo.

El hijo volvió al atardecer con noticias de una acequia que había construido con su padre de una fuente de las montañas. Ahora podrían sembrar más cultivos y tener más ingresos.

Estevan se quedó en el campo. Estudió las acequias que había excavado con el hijo y pensó en los cultivos que iba a sembrar. Finalmente, cuando las estrellas estaban altas en el cielo sin luna, decidió volver a casa. Se dirigió por el sendero acostumbrado.

De repente se sonó detrás de él el grito agudo de una mujer. Temiendo que fuera Theodora que quizá lo buscara, dejó caer su pala y corrió hacia el grito. Ahí, acercándose a él, se veía una mujer que llevaba un bonito vestido bordado. Usaba capa y capucha, a la moda de las ricas de esa época, y traía una canasta. Esteven se apresuró a su lado.

"Miss, are you all right, can I help you?" His voice was sincere. The woman pulled her cape close to her body. She hunched over, sobbing quietly. "Miss, can I help you carry your basket? Where are you going way out here in the middle of nowhere?" The woman let out a cackle as she handed him her basket. Her hands, gloved in black silk, softly touched his hand as he took the basket.

The basket was heavy. Whatever was in it was covered. He reached out to take her arm and help her. She pulled away and began to laugh at him. Estevan stopped. The laugh was not coming from the woman but from the basket in his hand. Without a thought he pulled back the cloth cover. There was the woman's head. Her eyes were penetrating brown, with glowing pupils. Her mouth was open, laughing and snarling at him at the same time.

Estevan dropped the basket. The head rolled out on the ground in front of him. He jumped over it and began to run towards his home. Cackling with glee, the head rolled after him and got in front of him again. Estevan tried to move around it, but it was there before him at every turn. The body was keeping up with him, floating above the ground. Once again Estevan leapt over the moving head and ran for the stream near his home. He ran through the stream to the other side. The screams followed him.

On the other side of the stream, he stopped and turned. The head could not cross the water. The muddy hair, dirt-covered face, glowing eyes and gaping mouth all seemed to scream at him as he turned and fled to his home.

Theodora was waiting for him. She tried to be patient as he blurted out his story, but her wanting to tell him of the militia kept her from truly attending to his words. Finally, she handed

—Señorita, ¿está bien usted? ¿La puedo ayudar? —Su voz era sincera. La mujer se apretó la capa al cuerpo. Se dobló, llorando quedo—. Señorita, ¿le ayudo a cargar la canasta? ¿Por qué anda por aquí tan lejos de todo? —La mujer soltó una risa aguda al entregarle la canasta. Sus manos, enguantadas de seda negra, le tocaron suavemente la mano al tomar Estevan la canasta.

La canasta pesaba mucho. Lo que contenía estaba cubierto. Estevan empezó a tomarle el brazo para ayudarla. Ella se apartó bruscamente y empezó a reírse de él. Estevan se detuvo. La risa no venía de la mujer sino de la canasta que tenía en la mano. Sin pensar, quitó la tela de la canasta. Ahí estaba la cabeza de la mujer. Tenía ojos morenos y penetrantes con pupilas ardientes. Tenía abierta la boca, riéndose y gruñendo al mismo tiempo.

Estevan dejó caer la canasta. La cabeza cayó rodando por el suelo delante de él. La salvó de un brinco y se echó a correr hacia su casa. Riéndose con alegría, la cabeza se rodó tras él y se le adelantó de nuevo. Estevan trató de esquivarla pero estaba ahí delante de él a cada vuelta. El cuerpo lo alcanzaba, flotando por encima del suelo. De nuevo Estevan brincó la cabeza y corrió hacia el arroyo. Cruzó corriendo al otro lado. Los gritos lo siguieron.

Al otro lado del arroyo, se paró y se volvió. La cabeza no podía cruzar el agua. El pelo lodoso, la cara sucia, los ojos encendidos y la boca abierta—todos parecían gritarle al volverse Estevan para huir a su casa.

Theodora lo esperaba. Trató de tener paciencia mientras él le contó rápido su historia, pero su deseo de hablarle de la milicia hizo que no escuchó con atención lo que decía. Al final, le dio

him a bowl of hot stew and a tortilla and asked him to listen to her.

Estevan shook his head as he swallowed the last spoonful of stew. "This is not good. The omen of the woman following me home and the news of the militia on its way are telling us it is time to leave. But we have worked hard here and I don't want to give up our home." Theodora felt the weight of his words. He was not ready to go.

Months passed and Theodora became pregnant again. Estevan felt there was more reason to stay. There had been no more news of the militia coming in their direction and they were feeling safer. Theodora gave birth to a fine baby girl. As the work was heavy and hard for Estevan, he hired a man from town to come and help him. Their son was a hard worker, but he was not yet a man.

The worker moved near to Estevan's home. He had a wife expecting a child any day and he wanted to be closer to her. The worker's wife gave birth to a fine baby girl and Theodora and the worker's wife shared the raising of their little daughters.

Fall came and the harvest was good. The men were out every night, struggling to bring in as much of the crop as they could before the weather turned and the rains came. Then raiders started arriving. Word spread that the land around them had been taken and the militia were scheming to move in on their area. Theodora was frightened. Both she and the worker's wife told their husbands of the news. Two women were more convincing than one. Estevan now began to take the threats seriously.

Estevan asked the worker if he had any gold. The worker shook his head. "It is something one only dreams of."

una sopera de estofado caliente y una tortilla y le pidió que la escuchara.

Estevan movió la cabeza al acabar la últimada cucharada de estofado—. Esto no es bueno. El augurio de la mujer que me siguió a casa y las noticias sobre la venida de la milicia nos indican que debemos irnos. Pero hemos trabajado duro aquí y no quiero abandonar nuestra casa. —Theodora sintió el peso de sus palabras. No estaba listo para salir.

Pasaron los meses y Theodora se embarazó de nuevo. Esto le dio a Estevan más razón todavía para quedarse. No oyeron más noticias sobre la llegada de la milicia y se sentían más seguros. Theodora dio a luz a una nena bonita. Ya que el trabajo era duro y pesado para Estevan, contrató a un hombre del pueblo para ayudarle. Su hijo era buen trabajador pero todavía no era hombre.

El trabajador se mudó para estar cerca de la casa de Estevan. Su mujer iba a dar a luz en cualquier momento y quería estar más cerca de ella. Ella parió una nena bonita y Theodora y la mujer del trabajador criaron juntas a las hijitas.

Al empezar el otoño, la cosecha era abundante. Los hombres trabajaban todas las noches, tratando de cosechar todo lo posible antes del cambio del tiempo y el inicio de las lluvias. Entonces llegaron los invasores de nuevo. Se decía que la tierra a su alrededor ya se había tomado y que la milicia planeaba invadir su región. Theodora tenía miedo. Tanto ella como la mujer del trabajador les hablaron de las noticias a sus esposos. Dos mujeres eran más convincentes que una sola. Entonces Estevan empezó a tomar en serio las amenazas.

Estevan le preguntó al trabajador si tenía oro. Éste se negó con la cabeza—. Es un sueño, no más, para mí.

Estevan put his hand on the worker's shoulder. "I have gold and if you help me bury it, I will give you half when all of this is over. When we are able to return to our land, you shall have half my gold and be a wealthy man."

The worker agreed not to tell his wife. They decided to bury the gold in the dead of night while their families were sleeping. The full moon gave them light to find a place they could pace out with obvious landmarks. Together they shoveled a hole six feet deep. Estevan took from his pocket the six bars of gold he had earned or taken while working at the mine.

This is a great wealth, my friend," the worker gasped. "Are you sure you want to give me half of this?" Estevan studied the worker's face in the moonlight. Suddenly he felt a chill. What if the worker came back and took it all? What if the worker stayed and stole from him? Estevan dropped the gold into the hole and then, with a sudden unthinking urge, he swung his shovel and beheaded the worker. The head fell into the hole; slowly the body collapsed to follow. Estevan stood there in disbelief at what he had done. Once again a head stared up at him, penetrating brown eyes with glowing pupils.

Theodora was awakened by a pounding on the front door. She carefully placed the baby girl on the bed as she rose to answer it. There was the worker's wife, holding her baby girl. "Theodora, Theodora, you must help me. I know I should not be telling you this, but something terrible has happened to my husband." Tears streamed down her face. "I was asleep and suddenly I knew my husband was dead. He is not home, he has taken his shovel, and I don't know where he is, but I believe he is dead!" The woman fell into Theodora's arms, sobbing.

Estevan puso la mano en el hombro del trabajador—. Yo sí tengo oro y si tú me ayudas a enterrarlo, te daré la mitad al terminar todo esto. Cuando sea posible regresar a nuestra tierra, tendrás la mitad del oro y serás rico.

El trabajador se puso de acuerdo de no decirle nada a la esposa. Decideron enterrar el oro en medio de la noche mientras dormían las familias. La luna llena les brindaba luz para encontrar un lugar que pudieran medir a pasos con señales obvios. Juntos hicieron un hoyo de seis pies de profundidad. Estevan sacó de su bolsillo las seis barras de oro que había ganado o llevado durante su empleo en la mina.

—Esto vale mucho, amigo—dijo el trabajador con voz entrecortada—. ¿Estás seguro de que quieres darme la mitad?

—Estevan le observó la cara en la luz de la luna. De repente sintió un escalofrio. ¿Y si el trabajador regresara y se lo llevara todo? ¿O si se quedara y le robara? Estevan depositó el oro en el hoyo y luego, de un impulso repetino y casi inconsciente, pegó un golpe con la pala para quitarle la cabeza al trabajador. La cabeza se cayó al hoyo; lentamente el cuerpo se desplomó para seguirla. Estevan se quedó atónito por lo que había hecho. Otra vez una cabeza lo miraba con ojos morenos y penetrantes y pupilas ardientes.

A Theodora la despertaron unos golpes en la puerta. Con cuidado dejó la nena en la cama y fue a abrir. Ahí estaba la mujer del trabajador con su nena—. ¡Theodora, Theodora, tienes que ayudarme! Sé que no debo decírtelo pero algo terrible le ha pasado a mi esposo. —Tenía la cara llena de lágrimas—. Estaba dormida y de repente supe que mi esposo había muerto. No está en casa, ha llevado su pala, y no sé dónde está, ¡pero creo que está muerto! —La mujer cayó en los brazos de Theodora, sollozando.

Theodora brought the woman in and had her sit in the kitchen. Her own baby girl was crying from the other room. "You wait here, I will go and find the men. I am sure you just had a bad dream. Stay here, I will go and find them." Theodora gathered up her baby girl into a blanket and carried her out into the night air.

She walked to the edge of the field and saw nothing. There was no point in crying out his name if he wasn't there. She walked toward the more forested area and saw a glitter of metal between two trees. Lifting up her skirt, still holding the sleeping infant in her arms, she hurried through the trees.

Theodora saw Estevan kneeling over a hole. Quietly, she moved towards him. Estevan heard the twigs break under her feet. Standing suddenly, he knew this was the worker's wife coming to find her husband. He put his finger to his lips for her to be quiet. As the woman approached him, looking towards the hole in the ground, he threw the shovel at her, slicing her head from her body. Her head rolled to the ground. In his fury, he grabbed the bloodied shovel and without a pause to look or acknowledge who was in front of him, he chopped up the fallen body and the baby in the blanket.

He took the pieces and dropped them into the hole. The gold was now covered with blood, corpses, and evil. Quickly he shoveled the dirt into the hole. It took him more than an hour to do this alone. He stamped on the dirt, thumped it with his shovel, and tossed the shovel into the trees. Relieved that the action was done and he was now free from thieves and betrayal, he hurried home.

From a distance he could see that the lights were on in the

Theodora hizo pasar a la mujer y la sentó en la cocina. Su propia nena lloraba desde la recámara—. Espera aquí, voy yo a buscar a los hombres. Estoy segura de que fue solamente una pesadilla. Quédate aquí, que voy a buscarlos. —Theodora cobijó a su bebé y salio con ella al aire de la noche.

Caminó al borde del campo y no vio nada. No tenía sentido llamarlo a gritos si no estaba. Se dirigió a donde había más árboles y percató relucir algo de metal entre dos árboles. Levantando un poco la falda, con la nena dormida en los brazos, anduvo de prisa por el bosque.

Theodora vio a Estevan arrodillado sobre un hoyo. En silencio, se le acercó. Estevan oyó crujir las ramitas bajo sus pies. Incorporándose de prisa, sabía que era la mujer del trabajador que venía buscando al esposo. Se puso el dedo a los labios señalándole que se callara. Al acercarse la mujer, le lanzó la pala, cortándole la cabeza del cuerpo. Su cabeza se cayó rodando al suelo. Frenético, agarró la pala sangrienta y sin detenerse para mirar o reconocer a quién tenía enfrente, cortó en pedazos el cuerpo caído y la nena acobijada.

Recogió los pedazos y los dejó caer al hoyo. El oro ahora estaba cubierto de sangre, cadáveres y maldad. Apresurado, llenó el hoyo de tierra con la pala. Tardó más de una hora en hacerlo solo. Pisó el suelo, lo golpeó con la pala, y tiró la pala en los árboles. Aliviado de haber acabado todo y de haberse liberado de ladrones y traición, se apresuró a llegar a su casa.

Desde cierta distancia, vio las luces prendidas en la cocina,

kitchen, a fire was going, and soon he saw his son's silhouette through the window. Estevan smiled to himself; his family was safe from whatever might come to hurt them. The gold was secure, and with the gold they could always have a future.

Estevan banged the dirt from his boots on the front step. The door opened. Standing in front of him was the worker's wife, holding her infant daughter. Behind the woman stood his trusting son.

Estevan did not hear the words she spoke but immediately turned and ran. He ran to the forest, searching for the site of the gold, his wife, his daughter. His son followed him, calling out, "Papa, Papa, where are you going? Where is Mother?"

Estevan fled more from his son's voice than from his own fear. It is believed that to this day he is wandering through northern Mexico and southern New Mexico searching for his gold and his answers. Within a week of this incident Estevan's son died looking for his father. Some say the son was killed by a rattlesnake, others say his mother came and got him; no one knows for sure.

Estevan was warned of his fate by the woman whose head rolled on the ground. He didn't listen. Many men do not listen, perhaps women, too. Late at night when there is a full moon, sometimes you can hear Estevan calling out Theodora's name. Some women say they can hear Theodora calling out Estevan's name. Personally I don't go out when there is a full moon.

una lumbre en la chimenea y la silueta de su hijo en la ventana. Estevan sonrió para sí: su familia estaba a salvo de cualquier peligro. El oro estaba seguro y con el oro tendrían siempre esperanza para el futuro.

Estevan quitó el barro de las botas en el escalón del portal. Se abrió la puerta. De pie ante él estaba la esposa del trabajador con su pequeña hija. Detrás de la mujer estaba su hijo confiado.

Estevan no oyó las palabras de la mujer sino que se volvió enseguida y se echó a correr. Se fue corriendo al bosque, buscando el sitio del oro, de su esposa, de su hija. Su hijo lo siguió, llamándole—. Papá, papá, ¿adónde vas? ¿Dónde está mi mamá?

Estevan se huyó de la voz del hijo más que de su propio miedo. Se cree que hasta hoy día vaga por México del norte y Nuevo México del sur buscando su oro y sus respuestas. Una semana después de este acontecimiento, el hijo de Estevan murió buscando a su papá. Algunos dicen que lo mató una víbora de cascabel, otros que su mamá vino por él; nadie sabe por cierto.

El destino de Estevan se le indicó de antemano por la mujer cuya cabeza rodó por el suelo. No le hizo caso. Muchos hombres no hacen caso, quizá las mujeres tampoco. Muy de noche cuando hay luna llena, a veces se puede oír a Estevan llamándole a Theodora. Ciertas mujeres dicen que pueden oír a Theodora llamando a Estevan. Yo, por mi parte, no salgo cuando hay luna llena.

THE OSCARS

Barbara is a beautiful woman of sixty-nine. She runs the old church and cares for her elderly horses, holding on strongly to her love of life. This is a version of her family story. I hope she finds it acceptable. Barbara finds people's personalities fascinating and relationships curious. May this story bring you some of both.

Alone. Maria sat staring at the afternoon sky. She sat on their porch swing, alone. Birds fluttered around their bird feeder. He had spent hours setting each one up in a spot where she could study the feathered beauties.

Maria studied the clouds. They weren't alone. She was. Had Carlos left of his own accord? She shook her head. No, she had thrown him out. But he had not hesitated. It was mutual. Now Carlos was on the road somewhere seeking shelter. Maria sat on their porch swing, unmoving, unfeeling.

The cat jumped on the swing, curling in her lap. Her hand absentmindedly stroked his long fur. The clouds drifted apart,

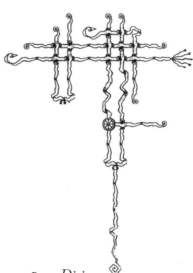

LOS ÓSCARES

Barbara es una linda mujer de sesenta y nueve años. Dirige
la antigua iglesia y cuida sus caballos viejos, aferrándose a su amor a
la vida. Ésta es una versión de su historia familiar. Espero que le sea
aceptable. Barbara encuentra fascinantes las personalidades de la
gente y le parecen curiosas las relaciones que se forman. Que este
cuento te presente con algo de las dos.

Sola. María se quedó mirando el cielo de la tarde. Estaba sentada en el columpio en el portal, sola. Los pájaros aleteaban alrededor de su alimentador. Él había pasado horas enteras para ubicar cada uno en un sitio óptimo para que ella pudiera observar a las bellezas enplumadas.

María miró las nubes. No estaban solas. Ella sí. ¿Salió Carlos de su propia voluntad? Se negó con la cabeza. No, ella lo había despedido. Pero él no se vaciló. Era mutuo. Ahora Carlos se encontraba por quién sabe dónde buscando abrigo. María se quedó sentada en el columpio de los dos, sin moverse, sin sentir nada.

El gato subió de un brinco al columpio y se arrolló en su regazo. Inconscientemente su mano acarició su pelo largo. Las nubes

then together, then apart. Perhaps Carlos would come back to her. Perhaps she would ask him back. She frowned, not likely.

The relationship had failed. Failed for both of them. The chickens clucked in the pen. "Time to feed the chicks, Oscar." Maria put the cat down and walked to the barn. She opened the door hesitantly. She would be caring for the chickens alone now.

Alone, she would bring in the big, round eggs to wash and admire. Alone, she would fix breakfast. Alone, she would talk to the cat.

Oscar followed her into the chicken pen. He watched the chickens cluck around her feet as she spread the chicken scratch. He licked his fur, studying the smallest chickens. Quick as a flash he jumped on the little black one.

"Oscar, mind yourself!" She kicked him in the side gently and he dropped the chicken. Haughtily, he walked out of the open door, through the barn, and ran up the elm tree.

She called up to him as he sat licking his paws. "Oscar, you know better than that! You eat the chicken and you won't get fed for a month!" She sighed. How was she to support herself?

The eggs were washed in short order. It would soon be dinner-time. She studied the cupboard: all his food, things he liked to eat. She shopped to please him. There was nothing particularly for her.

Standing up straight, she shut her eyes. She was forty-two years old. He had been nine years older. He ordered her around. He paid the bills. He said she was overweight.

Floundering her way to the back door, she pushed it open to

se separaron lentamente, se juntaron, volvieron a separarse. Quizá Carlos regresaría. Quizá ella lo invitaría a volver. Frunció el entrecejo: no era probable.

La relación había fracasado. Fracasado para los dos. Las gallinas cloquearon en la gallinera—. Es hora para dar de comer a las gallinas, Oscar. —María bajo el gato y caminó al granero. Vacilante, abrió la puerta. De ahora en adelante, cuidaría las gallinas sola.

Sola, recogería los huevos grandes y redondos para luego lavarlos y admirarlos. Sola, prepararía el desayuno. Sola, hablaría al gato.

Oscar la siguió a la gallinera. Miró cómo las gallinas cloqueaban alrededor de sus pies mientras repartía la comida. Lamió el pelo, observando las gallinas más chicas. Como un relámpago, se saltó sobre la pequeña de negro.

—¡Oscar, pórtate bien! —Le dio una patada ligera en el costado y dejó caer la gallinita. Arrogante, salió por la puerta abierta, pasó por el granero, y subió rápidamente al olmo.

Le llamó mientras se lamía las patas—. Oscar, tú sabes que no debes hacer eso. Si comes la gallina, ¡no te doy de comer por un mes! —Suspiró. ¿Cómo iba a ganarse la vida?

Lavó los huevos enseguida. Pronto sería la hora de la cena. Revisó la alacena: llena de la comida de él, lo que a él se le antojaba. Ella hacía las compras para complacerlo. No había nada especialmente para ella.

Poniéndose recta, se cerró los ojos. Tenía cuarenta y dos años. Él era nueve años mayor. Estaba siempre dándole órdenes. Pagaba las cuentas. Decía que era demasiado gorda.

Fue tambaleante a la puerta trasera y la abrió de un empujón

sit on their porch swing. This house was theirs. They bought it together. They decorated it together. They laughed, loved, and lived here together. They fought, hated, argued, destroyed their relationship here together. He left.

He was the lucky one who walked away from all of this responsibility. He picked up and walked out. He had been waiting, perhaps, for her to say finally, "You want to leave, leave. You keep threatening to go, go. You find me unattractive, then find someone more to your liking. Go!" He went.

She smiled, picking up Oscar. "You are here, aren't you?" He purred and rubbed his face against her chin. The chickens cackled eating their scratch. More birds landed on the bird feeders. The clouds disappeared into the darkening afternoon sky. She turned her head. The phone was not ringing. He was not coming back, ever.

She didn't want him back. But she didn't want to be alone. The cat followed her through the house. She studied each room, opening the door and taking inventory. There were holes in bookcases, pictures off of walls, clothes missing from the closet, shoes, boots, ties, and hats. His bureau, his bathroom things, his desk, phone, lamp, typewriter, small T.V., and favorite radio were all gone. She missed them. They were from a time when life worked.

Last night he was cruel. He demanded that she stay seated while he did the dishes. He would not let her help or talk to him, play word games or laugh about better times. He wanted to do and he wanted her to rest. It was always his wants, his demands, his autocratic, emotionally abusive demands. She lay down on her side of the bed. Smiling bitterly, she thought, "What difference

para sentarse en su columpio en el portal. Esta casa era de los dos. La compraron juntos. La decoraron juntos. Se rieron, amaron, vivieron aquí juntos. Se pelearon, odiaron, discutieron, destruyeron su relación aquí juntos. Él salió.

Él era el afortunado que dejó atrás toda esta responsabilidad. Se levantó y se fue. Había esperado, quizá, que ella le dijera por fin, "Si quieres salir, sal, pues. Sigues diciendo que te vas, pues vete. Crees que soy fea, ¡pues busca una que te guste más! ¡Ya vete!" Se fue.

Sonrió, levantando a Oscar—. Tú estás aquí, ¿no?— Ronroneó y rozó su cara contra la barbilla de ella. La gallinas cacarearon al comer. Más pajaros se posaron en los alimentadores. La nubes se desaparecieron en el cielo del atardecer. Volvió la cabeza. No sonaba el telefono. Él no iba a volver nunca.

No quería que volviera. Pero tampoco quería estar sola. El gato la siguió por la casa. Revisó cada cuarto, abriendo la puerta y haciendo un inventario. Había espacios en los libreros, cuadros ausentes de las paredes, ropa que faltaba en el ropero, zapatos, botas, corbatas y sombreros. Su cómoda, sus artículos para el aseo, su escritorio, teléfono, lámpara, máquina de escribir, pequeño televisor y radio predilecto—todos faltaban. Los extraña-ba. Representaban una época en la cual la vida había ido bien.

Anoche fue cruel. Insistió en que ella se quedara sentada mientras él lavaba los trastes. No la dejó ayudarle ni hablarle, hacer juegos de palabras ni reírse de los tiempos mejores. Él quería hacer todo y quería que descansara ella. Siempre se trataba de sus deseos, sus demandas, sus demandas autocráticas y emo-cionalmente abusivas. Se acostó en su lado de la cama. Sonriendo con amargura pensó: "Ahora ¿qué importa en cúal de los lados

does it make what side I sleep on now?"

She rolled over to his side of the bed, pressing her nose into his pillow. She could still smell his aftershave. Last night, he refused to touch her. He would not have any physical contact with her at all. She had been glad. She hated his reminder of how big she was, how ugly. When he didn't touch her, she could be as beautiful as she wanted to be.

Now she was really alone. Not lonely with someone else but all by herself. She would get a job, she would make her life work, despite his anger, his demeaning remarks, his embarrassing her beyond repair. She would do well. She smiled and held Oscar to her breast. Laughing, she got up to fix Oscar and herself a cold steak sandwich.

The knock on the door was light. Maria heard the knock as she sat by the fireplace, reading. The clock ticked on the hearth, telling her it was fifteen minutes after eleven at night. Oscar was already at the door. Maria unfolded her legs from under the chair and cautiously went to the door. She peered through the glass and saw a tall man wearing a heavy coat, waiting patiently.

"Oh, dear, Oscar, do we open the door or pretend we're not here?" She hesitated. "It could be someone in trouble. Let's see who it is." Maria unlocked the door and opened it two inches. "Hello?"

The man's voice was soft, careful. "Hello, Miss, I am sorry to bother you, but my truck battery went dead just up the road here. I am on my way home to Socorro from my sister's funeral and the battery was bad and now I am afraid it is dead." The man stared down at Oscar. "Could I use your phone?"

Maria smiled at him. "Just a moment." She quickly shut the

me duerma?"

Se rodó al lado de él, apretando la nariz en la almohada de él. Todavía olía a su loción de afeitar. Anoche se negó a tocarla. No quiso tener ningún contacto con ella. Ella se había alegrado. Odiaba que siempre le recordara la gorda que era, la fea. Cuando no la tocaba, podría ser tan bella como imaginara.

Ahora estaba sola de verdad. No sola aunque acompañada sino realmente a solas. Buscaría trabajo, saldría bien, a pesar de la cólera de él, de sus comentarios despectivos, su tendencia de lastimarla sin remedio. Tendría éxito. Se sonrió y estrechó a Oscar a su pecho. Riéndose, se levantó para preparar un sandwich de bistec frío para Oscar y para sí misma.

Tocaron levemente en la puerta. María oyó el toque mientras leía en frente de la chimenea. El reloj hacía tictac en el hogar, indicando que eran las once y cuarto de la noche. Oscar ya estaba en la puerta. María se desdobló las piernas sacándolas de debajo de la silla y fue cautelosa a la puerta. Asomó por el cristal y vio a un hombre alto, en un grueso abrigo, que esperaba con paciencia.

—Ay, Oscar, ¿abrimos la puerta o fingimos no estar? —Vaciló.

—Puede ser alguien en apuros. Vamos a ver quién es. —María corrió el pestillo y abrió la puerta dos pulgadas—. ¿Sí?

La voz del hombre era baja, correcta—. Buenas noches, señorita, perdone la molestia, pero se me descargó la batería de mi camión en el camino por aquí cerca. Estoy regresando a casa del entierro de mi hermana y la batería no funcionaba bien and ahora temo que se haya muerto. —Bajó la vista para mirar a Oscar—. ¿Podría usar su teléfono?

María le sonrió—. Un momento. —Cerró rápido la puerta y

door and leaned her back against it. "Oh, dear, I don't want a stranger in our house, Oscar!" Then she had an idea. She opened the door again, only slightly. "Why don't you tell me the number and I will call for you? You can wait out here."

The man shrugged. "Well, all right, but I need the phone book. I have to call the garage and see if someone can come out and help me. I don't have much money and will have to call several garages, or you can...it doesn't matter much to me." He thrust his hands in the deep pockets of his coat.

Maria shrank back, waiting for him to pull out a gun. He didn't. "All right, I'll call a few garages for you. There is one down the road about five miles, but I don't think any of them are open." She shut the door and held her breath. "Oscar, now what?"

Her hand automatically moved to the door's lock. As quietly as she could she locked the door. The pin made a clicking noise as it went into place. "Well, let's do this!" She turned on the kitchen light and picked up the phone book. The garages had their hours listed on the page and none of them were open after eleven at night. She took the phone book, turned on the porch light, unlocked the door to confront him.

The man was sitting on the porch step, staring up at the stars. She called out to him, "Here is the phone book. None of the garages around here are open now. I am afraid you are out of luck." The man stood, revealing his face. He was about her age, handsome in a crude way, with deep green eyes. His hair was salt and pepper with more white than gray, making his eyes seem to shine in the porch light.

"Thanks, Miss. I guess I am stuck out here all night." He

apoyó la espalda contra ella—. ¡Ay, no quiero tener un desconocido en nuestra casa, Oscar! —Se le ocurrió un plan. Volvió a abrir
la puerta, solamente un poco—. ¿Por qué no me dice el número
de teléfono y llamaré yo? Usted puede esperar aquí afuera.

El hombre se encogió de hombros—. Pues, bien, pero necesito el guía telefónico. Tengo que llamar al taller para ver si pueden
venir para ayudarme. No tengo mucho dinero y tendré que llamar
varios talleres, o usted puede hacerlo…me da igual. —Metió las
manos en los bolsillos hondos del abrigo.

María se echó atrás, esperando a que sacara una pistola. No lo
hizo—. Bien, llamaré a unos talleres para usted. Hay uno a cinco
millas, más o menos, pero dudo que haya uno que esté abierto a
esta hora. —Cerró la puerta y contuvo la respiración—. ¿Y ahora
qué, Oscar?

Su mano se movió automáticamente a la cerradura de la puerta. Tan quieta como posible, la cerró. El pestillo se metió con un
chasquido. —Bueno, ¡a llamar! —Encendió la luz de la cocina y
tomó el guía telefónico. Los talleres tenían anunciados su horario
en la página y ninguno estaba abierto después de las once de la
noche. Guía en mano, encendió la luz del portal y abrió la puerta
para enfrentárselo.

El hombre estaba sentado en el escalón del portal, mirando las
estrellas. Lo llamó ella—: Aquí tiene el guía telefónico. No hay
taller que esté abierto a esta hora. Qué mala suerte para usted.
—El hombre se puso de pie, dejando ver la cara. Era más o
menos de la misma edad como ella, atractivo de una manera
tosca, con ojos de verde oscuro. Su pelo era canoso, más blanco
que gris, lo cual hacía lucir sus ojos a la luz del portal.

—Gracias, señorita. Parece que no hay más remedio que

sighed. "Your house is the only house near these parts. I will go sleep in the truck. Thanks for your trouble." He nodded to her and turned to leave.

Maria couldn't help herself. "Sir, are you hungry? I have some leftover steak and could make you a sandwich to take to your truck." Oscar was now out the door and rubbing against the man's leg. The man reached down and patted him. "Fine cat. I love cats." He stood up and faced her. "Yes, I am starving! A sandwich would be great. I'll sit out here with the cat if you want and wait."

"No, that's all right. Come on in where it's warm. It will just take me a minute." She opened the door wide to allow the man to pass. He moved agilely around her, smelling of fresh soap. She saw that he was clean shaven, well dressed, and certainly must have money, for his coat looked expensive.

He sat in the living room in her chair. Oscar sat in his lap purring. Maria wanted to have a conversation with him while she made the sandwich in the kitchen, but she couldn't think of anything to say.

"What is your cat's name?" he called out to her. She blushed.

"Oh, yes, his name is Oscar."

The man laughed loudly and answered, "Now this is strange! My name is Oscar, too!"

Maria almost dropped the knife she was using to cut the steak. "You are an Oscar?"

He stopped laughing, put the cat down and moved into the kitchen. "Yes, Oscar Gonzales of the Gonzales family south of Socorro. I have a ranch house I am building for my someday

quedarme aquí toda la noche. —Suspiró—. Su casa es la única que esté por aquí cerca. Voy a dormir en el camión. Gracias por su ayuda. —Le saludó con la cabeza y se dispuso a salir.

María se dejó ir por un impulso—. Señor, ¿no tiene hambre? Tengo sobras de bistec y puedo hacerle un sandwich para llevar al camión. —Para entonces Oscar ya había salido por la puerta para rozarse contra las piernas del hombre. El hombre se inclinó para acariciarlo.

—Es buen gato. Me encantan los gatos. —Se incorporó y le dio la cara—. Sí estoy muriendo de hambre. Un sandwich me caería de maravilla. Me sentaré aquí afuera con el gato para esperar.

—No, está bien. Pasa, que aquí está calientito. No tardo. —Abrió la puerta de par en par para dejar entrar al hombre. Pasó por su lado, moviéndose con agilidad, y ella sentía el buen olor de jabón fresco. Notó que estaba bien afeitado y bien vestido, y que a lo mejor tenía dinero, porque su abrigo parecía de alta calidad.

Se sentó en la sala en el sillón de ella. Oscar se acomodó en su regazo, ronroneando. María quería entablar una conversación mientras hacía el sandwich pero no se le ocurrió nada para decirle.

—¿Cómo se llama su gato? —La llamó desde la sala. María se ruborizó.

—Ah, sí, se llama Oscar.

El hombre se rio fuerte y respondió—: ¡Qué curioso! Yo también me llamo Oscar.

Por poco y María deja caer el cuchillo que usaba para cortar el bistec—. ¿Conque usted es un Oscar?

Dejó de reir, bajó el gato y entró en la cocina—. Sí, Oscar Gonzales de los Gonzales al sur de Socorro, para servirle. Estoy construyendo una casa en mi rancho para mi futura esposa.

wife. Do you know of our family?"

"No, but it must be a fine house." She put the cut steak on the buttered bread. "How long have you been working on it?"

"For five years. It will be a fine house once I get the electricity put in. Right now all I use are candles. It makes it very romantic, but difficult to heat water and find your way around in the dark up the stairs." He walked over to her sink. "You have a fine house here. It is just the right size for you and your Oscar."

"I think so. Here, come and eat your sandwich at the table. Would you like something to drink?" Maria went to the refrigerator to put away the food.

He sat and ate, drinking the freshly made coffee. They talked late into the night. Yawning, he told her he had to return to the truck. Maria frowned. "I have a spare room if you wish to spend the night," she blushed, "or want to use the bathroom. It works."

"Thank you, that would be very nice."

The man Oscar stayed for two days. He got the truck towed to her house, and with her help went into town and retrieved a new battery. After much deliberation she agreed to follow him to his ranch house. Maria was impressed with the fine woodwork, the great staircase up to the master bedroom and the views from the large window.

Weeks went by and they continued to see one another. Maria felt renewed life in her veins. Oscar the cat grew moody with her absences. Soon Maria agreed to marry Oscar the man. The wedding was planned and the date finalized with his family.

Maria dressed in her grandmother's wedding dress. It was tight

¿Conoce usted nuestra familia?

—No, pero debe ser una buena casa. —Puso el bistec cortado en el pan con mantequilla—. ¿Cuánto hace que trabaja en esto?

—Cinco años. Será una buena casa una vez que le ponga electricidad. Ahora se ilumina sólo por velas. Así que es muy romántico pero difícil para calentar agua y para guiarse por la escalera en la noche. —Caminó al fregadero—. Usted tiene una buena casa aquí. Es del tamaño perfecto para usted y su Oscar.

—Estoy de acuerdo. Tome, que coma el sandwich en la mesa. ¿Quiere tomar algo? —María fue al refrigerador para guardar la comida.

Se sentó para comer, y tomó el cafe fresco que le preparó. Hablaron hasta muy entrada la noche. Bostezando, él le dijo que debía volver al camión. María frunció el entrecejo —Tengo recámara de huéspedes si quiere pasar la noche aquí —ruborizó ella, —or si quiere usar el baño. Funciona bien.

—Gracias, muy amable.

Oscar el hombre se quedó por dos días. Hizo traer el camión por grúa a la casa de ella, y con su ayuda fue al centro para conseguir una batería nueva. Después de mucho deliberar, María aceptó acompañarlo a su casa. Le impresionaron la excelente carpintería, la gran escalera que conducía a la recámara principal y las vistas desde la ventana grande.

Pasaron las semanas y continuaron a verse. María sentía que la vida se le renovara en las venas. Oscar el gato se puso melancólico por sus ausencias. Poco después, María consintió en casarse con Oscar el hombre. Planearon la boda y confirmaron la fecha con su familia.

María se vistió el traje de bodas de su abuela. Le quedaba

around her waist. After many days of looking, she found an old whalebone corset in a second-hand store down by the river. The woman was not anxious to sell it to her.

"This whalebone corset is meant to be pulled as tightly as you can stand it. Women in the old days would tie these two corset strings to the bedpost and back away from it. When they could hardly breathe, they would wrap this string here around the other two strings and it would bind the corset. It will be very tight, be careful!"

Maria dressed for the wedding at the ranch house. She tied her corset just the way she had been shown. It was tight, very tight, and made her cheeks flush red with color. The dress fit snugly over the corset and Maria had to gasp at the beauty who stared back at her from the mirror. "Oscar, you will have to be my best cat at the wedding for you were the one who trusted him first."

Families came from far and wide to be at the wedding. Her husband's father agreed to give her away, for her father had died years ago. Maria stood proudly at his side as she waited for the music. She tried to breathe normally, but the corset held her diaphragm tightly. Her breathing was short, difficult; it made her lightheaded.

The organ started playing and Maria began to move forward. Each step she took made her feel heavy, separate from her body. Finally, she stood before the priest with her soon-to-be-husband Oscar. They said their vows, her breathing difficult. He slid the ring on her finger. It was a huge diamond!

apretado en la cintura. Después de varios días de buscar, encontró un antiguo corsé de barba de ballena en una tienda de segunda mano cerca del río. La dependiente no se lo vendó con mucho entusiasmo.

—Este corsé de barba de ballena debe apretarse lo máximo que se pueda aguantar. En los viejos tiempos, las mujeres ataban estos dos cordones del corsé al poste de la cama para luego alejarse de él. Cuando apenas podían respirar, envolvían este cordón alrededor de los dos otros para liar el corsé. Le apretará mucho, tenga cuidado.

María se vistió para la boda en la casa del rancho. Ató el corsé justo como le habían enseñado. Le quedaba apretado, muy apretado, e hizo que las mejillas se pusieran coloradas. El traje le quedaba perfecto sobre el corsé y María se quedó boquiabierta al ver a la bella que le devolvía la mirada desde el espejo. —Oscar, tú serás mi padrino de bodas ya que fuiste tú el que confiaba en él primero.

Las familias llegaron de todas partes para asistir a la boda. Su suegro consintió en llevarla al altar porque su propio padre había muerto hacía años. María se quedó parada orgullosa junto a él esperando la música. Trató de respirar normalmente, pero el corsé le sujetaba el diafragma. Su respiración era cortada, difícil; la atolondraba.

Empezaron a tocar el órgano y María comenzó a caminar adelante. Con cada paso se sentía más pesada, alejada de su cuerpo. Finalmente, se encontró parada ante el cura con su casi esposo Oscar. Pronunciaron las promesas de matrimonio, ella con la respiración difícil. Le puso el anillo en el anular. Era un diamante enorme.

Maria gasped at the beauty of the ring. Her body surged with heat and she felt herself fall to the floor. Her husband's face hovered over her and then all went black.

Voices echoed in her head as she heard the men talking beside her. She tried to open her eyes but they were useless. She tried to take a breath, but she couldn't.

"This is tragic. Today a wedding and tomorrow a funeral." Maria could hear her husband softly crying beside her. He took her hand in his and rubbed it. "Maria, Maria, I loved you!" She could feel his tears on her hand. Oscar the cat jumped up on her stomach and walked to her face. The cat licked her cheek and began to purr.

"Get that cat out of here!" This was the voice of her father-in-law.

Her husband gently lifted the cat from her body. "Father, it is her cat. He wants to be with her."

The night was long and frightening. Maria felt the walls of wood all around her. Her body would not respond, and slowly she fell asleep. The jolt barely affected her as the coffin was placed into the ground. Somewhere off in the distance Maria heard the sound of shovels.

The wind blew hard, rain fell, and the trees scraped against the ranch house. Husband Oscar sat by the fire with the cat on his lap, staring into the flames. He had nothing to say and neither did the cat. The scraping of the branches against the side of the house gave a gruesome mood to the night.

Suddenly the cat jumped up and ran to the front door. He began to paw at it frantically. The husband Oscar turned his head and watched. The wind softly subsided and he heard a soft

María se quedó maravillada ante la belleza del anillo. Se le subió el calor y sintió que se caía al piso. Vio sobre ella la cara de su esposo, luego todo se puso negro.

Las voces le resonaban en la cabeza mientras oía hablar a los hombres junto a ella. Trató de abrirse los ojos, pero fue imposible. Trató de respirar pero no pudo.

—Qué tragedia. Hoy una boda y mañana un entierro.

María oyó al esposo llorando quedo a su lado. Le tomó la mano y la acarició. —María, María, ¡te amo! —Sintió sus lágrimas en la mano. Oscar el gato saltó a su estómago para acercarse a su cara. Le lamió la mejilla y empezó a ronronear.

—¡Saca ese gato de aquí! —Era la voz de su suegro.

Su esposo quitó con ternura el gato de su cuerpo—. Padre, es su gato. Quiere estar con ella.

La noche era larga y asustadora. María sentía las paredes de madera a su alrededor. Su cuerpo no respondió, y poco a poco se quedó dormida. El choque apenas le afectó al ponerse el ataúd en la tierra. Por allí lejos María oyó el sonido de las palas.

El viento soplaba fuerte, caía lluvia, y los árboles rozaban la casa. Oscar el esposo estaba sentado cerca de la chimenea con el gato en su regazo, mirando las llamas. No tenía nada que decir, tampoco el gato. El chirrido de las ramas contra la casa contribuyó al ambiente morboso de la noche.

De repente, el gato se bajó de un brinco y corrió a la puerta. Empezó a darle zarpazos frenéticamente. El esposo Oscar volvió la cabeza para mirar. Al amainarse el viento, oyó un leve toque en

knocking at the door. No, it was not a knocking, but more of a scraping sound, as if someone were tearing at the door with his fingernails.

He rose slowly. "Oscar, my cat, what is it?" The cat was now up on his hind legs, frantically clawing at the door. "Oscar, move away! What is it?" The cat didn't move and continued to scratch.

The husband picked up the cat. "Hello? Hello? Is anyone out there?" He tilted his head to listen. Putting his head to the door, he called out again. "Hello? Is there anyone out there?"

A woman's voice answered in almost a whisper. "Oscar... Oscar."

The husband dropped the cat. "It is a ghost. My wife's ghost has come to haunt us!" The scraping noise continued. The husband went into the back room to pick up his rifle. He loaded it, listening to the cat who was now meowing desperately.

Raising his rifle to his shoulder with his right hand, he unlocked the door with his left and flung it open. There in front of him stood his wife. She was covered with mud, holding up her left hand, which was bleeding. Her ring finger had been cut off. Her dress was ripped open and her corset hung beside her naked breasts and belly.

The rifle fell to the floor. "Maria, oh, my God, Maria, what happened to you?"

Maria fell into his arms. "Oscar, oh, Oscar, it was the corset. I couldn't breathe in the corset. I must have fainted or something. Some men opened the coffin and tried to steal my ring." She held up her hand. "Oscar, they took my ring! They took my ring and my finger!"

la puerta. No, no fue un toque, sino un chirrido como si alguien arañara la puerta con las uñas.

Lentamente se incorporó—. Oscar, mi gato, ¿qué hay? —El gato estaba parado ahora en las patas traseras, arañando la puerta frenéticamente—. Oscar, quítate. ¿Qué pasa? —El gato no se movió y siguió arañando.

El esposo levantó al gato—. ¿Sí? ¿Hola? ¿Hay alguien? —Ladeó la cabeza para escuchar. Acercando la cabeza a la puerta, volvió a llamar. —¿Hola? ¿Hay alguien por ahí?

Respondió la voz de mujer, muy bajita, casi un susurro—: Oscar…Oscar.

El esposo dejó caer al gato—. Es un fantasma. ¡El ánima de mi esposa ha venido para perseguirnos! —Continuaban los arañazos. El esposo fue al cuarto de atrás por su rifle. Lo cargó, escuchando al gato que maullaba desesperadamente.

Levantando el rifle al hombro con la mano derecha, quitó el pestillo de la puerta con la izquierda para abrirla de golpe. Ahí adelante de él se encontraba su mujer. Estaba cubierta de lodo y sostenía en el aire su mano izquierda que estaba sangrando. Le habían quitado el anular de una cuchillada. Le habían roto violentamente el vestido y se veía el corsé colgando junto al estómago y los senos desnudos.

El rifle se cayó al suelo—. María, ay Dios, María, ¿qué te pasó?

María se cayó en sus brazos—. Oscar, oh, Oscar, fue el corsé. No pude respirar en el corsé. Me habría desmayado o algo así. Unos hombres abrieron el ataúd y trataron de robarme el anillo. —Mostró la mano—. Oscar, ¡me robaron el anillo! ¡Me llevaron el anillo y el dedo!

Oscar carried her up the stairs to their bedroom. He ran the hot water in the tub, fetched a clean cloth to wrap her finger, and placed her in the bathtub. The cat looked on.

Oscar and Maria lived a long life together. Maria bore her husband six children without a ring finger. None of the children were named Oscar and none of the daughters were ever allowed to wear a corset. Oscar the cat lived for five more years and left many great grandkittens to carry on his name.

Oscar la subió en sus brazos a la recámara. Llenó la bañera de agua caliente, encontró un trapo limpio para envolverle el dedo, y la metió en la bañera. El gato miraba todo.

Oscar y María pasaron juntos una vida larga. María le dio a su esposo seis hijos sin anular. Ninguno de los hijos se llamaba Oscar y a ninguna de las hijas se les permitía usar corsé. Oscar el gato vivió por cinco años más y dejó muchos bisgatitos para continuar su nombre.

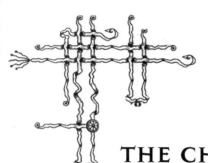

THE CHILE PLANT

Augustine is a city man. He doesn't irrigate—doesn't know how and certainly doesn't ever want to get his hands dirty. He is an engineer. He draws on paper, large pieces of paper, and sharpens his pencil when it becomes dull. He is a very clean man with hands as white as they were the day he was born. He buys his vegetables at the farmers' market in town and certainly would never think of pulling anything out of the earth.

Augustine happened to come to the college to talk to the students about the importance of graduate school. After his talk, I invited him to lunch. He readily accepted, for he loves good food and the pleasure of eating what others fix. We sat at lunch and shared comments about the students' reaction to his talk. He ordered his chicken enchiladas with green chile. I commented on his choice of green chile over red.

"Oh, yes, there is good reason why I eat only green chile. The reason comes with a story and since you like stories so much, here is a story for you about red chile."

The town of Hatch is in the south central part of New Mexico. It is a farming community with alfalfa fields, cornfields,

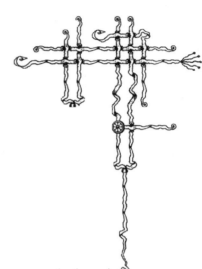

EL MATA DE CHILE

Augustine es hombre de la ciudad. No riega—no sabe hacerlo y no quiere en absoluto ensuciarse las manos. Es ingeniero. Dibuja en papel, grandes hojas de papel, y saca puntos a su lapiz a cada rato. Es un hombre muy limpio con las manos tan blancas como eran el día en que nació. Compra las verduras en el mercado de granjeros de la ciudad y nunca se le ocurriría sacar nada de la tierra.

Sucedió que Augustine vino a la universidad para hablar con los estudiantes sobre la importancia de los estudios posgraduados. Después de su charla, le invité a comer. Aceptó con gusto, porque le encanta la buena comida y sobre todo la comida preparada por otros. Mientras comíamos, hablamos de las reacciones de los estudiantes a su charla. Pidió las enchiladas de pollo con salsa verde. Le hice un comentario sobre su preferencia por el chile verde en vez del rojo.

—Si, hay una buena razón por la cual sólo como chile verde. La razón viene acompañada de una historia y porque tanto te gustan las historias, aquí viene una que se trata del chile rojo.

El pueblo de Hatch se encuentra en la parte sur central de Nuevo México. Es una comunidad agrícola con alfalfares, milpas,

and plenty of cows. New Mexico grows cows and cow manure as fast as any other state in these United States.

Hatch was not anything special. People had to drive through Hatch in the old days to get from Deming to Truth or Consequences. The roads were narrow and corkscrewed just to keep the average driver awake and alert.

Now in Hatch there was a stranger who came to town. He was ordinary looking, nondescript. He kept to himself and went about his business as if he were the only person on the planet. He didn't get dirty and he didn't get into gossip. He stayed by himself.

The townspeople were curious about him. The more he would come into town to buy his goods at the store, the more the people would talk about him. This made the stranger very uncomfortable. He would stand in line in the post office and hear people whispering about him. The news they spread was not good and it eventually reached his ears.

The man decided to avoid coming into town. He tried to start a garden, but the dirt got under his clean fingernails and was most uncomfortable. He was very unhappy with his situation and decided to go to church and pray. When the man entered the church, people moved away from him. The rumors were evil about him, and no one wanted to sit next to him or even look at him.

The next morning, the man was more determined than ever to try to grow something in his garden. When he went outside, he found a small plant growing in a place where he had not even tended the earth. No knowing what the plant was, he watered it, cared for it, and it grew. After ten days he noticed a long, hard protrusion coming from the plant. This part grew and grew. Soon it began to turn red.

y muchas vacas. Nuevo México cría vacas y estiércol tan eficazmente como cualquier otro estado en estos Estados Unidos.

Hatch no tenía nada en especial. La gente tenía que pasar por Hatch en tiempos antiguos para ir de Deming a Truth or Consequences. Los caminos eran estrechos y sinuosos para asegurar que no se durmiera el conductor.

Una vez llegó a Hatch un forastero. Se veía normal, anodino. No se metió en los asuntos de los demás y vivió su vida como si fuera la única persona en el planeta. No se ensuciaba y no chismeaba. Se quedó a solas.

La gente del pueblo le tenía mucha curiosidad. Mientras más iba al centro para hacer compras en la tienda, más chismeaba la gente de él. Esto le puso muy incómodo. Al hacer cola en la casa de correos, escuchaba a la gente hablar de él en susurros. Las noticias que difundían no eran buenas y finalmente le llegaron a los oídos.

El hombre decidió ir lo menos posible al centro. Trató de cultivar un huerto, pero se le ensuciaron las uñas y se sintió mal. Estando muy desgustado por su situación, decidió asistir a la iglesia para rezar. Cuando entró en la iglesia, la gente cambió de lugar, alejándose de él. Los rumores acerca de él eran malos y nadie quiso sentarse cerca de él, ni siquiera mirarlo.

A la mañana siguiente, el hombre estaba más decidido que nunca de tratar de cultivar algo en su huerto. Al salir afuera, encontró una plantita que crecía en un lugar donde ni siquiera había preparado la tierra. Sin saber qué tipo de planta era, la regó, la cuidó, y la planta creció. Después de diez días notó una protuberancia larga y dura que salía de la planta. Esta parte crecía cada vez más. Al rato, empezó a ponerse roja.

The man had no idea what this plant was or even if this part of the plant was edible. He watched it, tended to it, and let it grow. The protuberance kept on growing until it was about five feet long. Finally as the fall weather came upon the land, the man reached down and lifted this long red pod from the ground. It gave way easily.

The plant died the next day. The man took the long pod into town. He carried it into the grocery store and asked to see the manager. The manager was hesitant to speak with this stranger but was curious about the item he had in his arms. "Where did you get that thing?"

"I grew it in my garden and I have no idea what it is. Do you know? Can a person eat this thing?"

"Well, I suppose so," the manager replied, "but you will have to roast the skin off before you can get to the meat of the matter." The manager walked away from him. Obviously the man was an idiot, he didn't know anything at all.

The man took his treasure home. He made a fire in the back yard and placed the pod on it. He watched the skin turn dark, pop, and slowly peel in the heat. He used a large rake to knock the pod from the flames. He threw water on it to cool it. The skin peeled right off, revealing a soft inner part which smelled delicious.

The man filled buckets with the freshly cooked meat of the pod. Neighbors from all around came wandering over, enchanted by the rich smell. They stood around him, begging for a taste. The man studied their hungry stares and then offered them a morsel. Each person took a bite. Then something amazing happened. Their faces lit up and they began to talk to him as if he

El hombre no tenía idea de qué fuera esta planta ni si esta parte de ella era comestible. La observó, la atendió, y la dejó crecer. La protuberancia siguió creciendo hasta ser casi de cinco pies de largo. Finalmente, al llegar el tiempo de otoño a la tierra, el hombre se agachó para recoger este largo fruto rojo del suelo. Se desprendió fácilmente.

La planta murió al día siguiente. El hombre llevó la vaina larga al centro. La llevó a la tienda de abarrotes y pidió hablar con el gerente. El gerente no quería hablar con este forastero pero tenía curiosidad acerca de la cosa que llevaba en los brazos—. ¿Dónde consiguió esto?

—Lo cultivé en mi huerto y no tengo idea de qué sea. ¿Sabe usted? ¿Es posible comerlo?

—Supongo que sí—contestó el gerente—, pero tendrá que asarlo para quitarle la cáscara antes de llegar al meollo. —El gerente se alejó de él. Obviamente, el hombre era idiota, no sabía nada de nada.

El hombre volvió a casa con su tesoro. Hizo una fogata en el patio de atrás y metió encima el fruto. Miró mientras la cáscara se puso oscuro, se reventó y empezó a pelarse con el calor. Usó un rastreador largo para quitarlo de las llamas. Le echó agua para enfriarlo. La cáscara se le desprendió con facilidad, revelando una parte interior que olía muy rico.

El hombre llenó cubos con la carne recién cocida de la vaina. Los vecinos de todos lados se le acercaron, fascinados por el aroma delicioso. Se lo rodearon, pidiéndole una prueba. El hombre observó sus miradas hambrientas y les ofreció un bocado. Cada persona probó un poco. Entonces sucedió algo insólito. Las caras se les iluminaron y empezaron a hablarle como si fuera de

were one of their family.

"You know, we may have said some bad things about you, but we really didn't know you at all."

"You are such a nice man, why don't you talk to us?"

"It is rude to walk by your elders and not speak to them. We talked about you because you don't know our traditions and we didn't know about you!"

On and on the people and the stranger shared their feelings and soon they were all the best of friends. Red chile takes the devil out of you and makes you open up to others. Personally, I don't want to be so honest with people—it could make me look bad. So since then, I always eat green chile—and only green chile.

familia.

—¿Sabes? hablamos mal de ti pero en realidad no te conocíamos en absoluto.

—Eres tan amable, ¿por qué no nos habla?

—No es cortés pasar a los mayores sin saludar. Hablamos mal de ti porque no conoces nuestras tradiciones y no sabíamos nada de ti.

La gente y el forastero seguían hablando francamente y al rato se habían hecho muy amigos. El chile rojo te quita lo malo y hace que te abras a los demás. Personalmente, no quiero ser tan franco con la gente—podría echar por tierra mi buena reputación. Así que desde entonces me como chile verde—y sólo chile verde.